POR QUÉ

ALGUNOS
CRISTIANOS
COMETEN
ADULTERIO

JOHN L. SANDFORD

BETANIA

Un Sello de Editorial Caribe

Betania es un sello de Editorial Caribe

© 2000 Editorial Caribe
Una división de Thomas Nelson, Inc.
Nashville, TN—Miami, FL (EE.UU.)

email: editorial@editorialcaribe.com
www.caribebetania.com

Título en inglés: *Why Some Christians Commit Adultery*
©1989 John L. Sandford
Publicado por Victory House, Inc

Traductor: Federico Heinze

ISBN: 0-88113-563-1

Impreso en EE.UU.
Printed in U.S.A.

A Paula, mi esposa:

Por treinta y ocho maravillosos años como
mi compañera en Cristo, amante y
consoladora, madre de seis, abuela de trece y
bisabuela de uno.

Y a Tony y Ami Lincoln:

Nuestro nuevo yerno y nuestra hija, por su
trabajo de edición y consejos, ¡aun durante
su luna de miel!

Contenido

Reconocimientos

Este libro no se hubiera escrito si no fuera por nuestro editor, Clift Richards de Victory House, Inc., y por Lloyd Hildebrand, nuestro redactor de tantos años. Ellos me convencieron de que este libro debería escribirse y que yo tendría que hacerlo. Recibí del Espíritu Santo la confirmación ungiéndome, y encontrándome que revoloteaba en mi mente para después volcarse en las páginas del libro.

Un agradecimiento especial para nuestro redactor familiar, nuestro yerno Tony Lincoln, el cual pasó muchas horas cambiando pacientemente mis complicados pensamientos en algo digno de leer. Muchos familiares y amigos contribuyeron con apreciadas ideas y consejos muy buenos, pero por supuesto nadie tanto como mi querida esposa. Mi hijo Loren fue inspirado a predicar un poderoso sermón justo en el momento oportuno, el cual encontró un lugar en el libro como mensaje de recapitulación.

Mi más profundo agradecimiento a nuestro Señor Jesucristo y al Espíritu Santo. Estoy orando para que el Señor nos otorgue toda la sabiduría para recibir y poner en práctica sus verdades. La actual epidemia de pecado debe pararse, ¡pronto! Es por ello que no escatimé esfuerzos y pasé muchas noches escribiendo lo más rápido que pude.

Oro para que todos oigan el llamado al arrepentimiento y a la intercesión. Nuestro Señor Jesucristo volverá por una Iglesia purificada que estará preparada como la novia para el novio. Actualmente permanecemos a gran distancia de la rectitud de nuestro Señor. Pero anímese, «con fidelidad hará justicia; *no vacilará ni se desanimará* hasta implantar la justicia en la tierra. Las costas lejanas esperan su enseñanza» (Isaías 42.3-4, NVI).

Prefacio

En los primeros capítulos señalo varias razones desconocidas comúnmente por las cuales los cristianos bien intencionados caen en relaciones de adulterio. Pero las mayores causas personales son los quebrantos de la personalidad y el carácter en la infancia. Fornicadores y adúlteros con mucha frecuencia hacen lo que hacen debido a las heridas y quebrantos en sus caracteres que permanecen sin ser curados. Ellos son impulsados por apetitos insatisfechos, por necesidades ocultas de violar al sexo opuesto, de castigar, de ejecutar venganza, o porque otros (incluyendo a veces a sus propios padres) han abusado de ellos y los han involucrado en otras formas de actividades lujuriosas, tales como la pornografía.

Paula y yo hemos tratado de ayudar al Cuerpo a librar a los pecadores de aquellas trampas, a través de las enseñanzas de la Sección Cuatro del libro *The Transformation of the Inner Man;* capítulo quince: «Fornicación, adulterio, deseos desordenados y aberraciones»; capítulo dieciséis: «Arquetipos y homosexualidad» y capítulo diecisiete: «Inversión sexual de los padres y compañeros sustitutos»; y a través del libro de Paula *Healing Victims of Sexual Abuse.*

En los primeros capítulos de este libro trataremos de revelar los factores personales que inducen a los cristianos normales, saludables y morales a caer en pecados sexuales. Ninguno de nosotros hemos recibido un trato perfecto de nuestros padres y hemos reaccionado negativamente aun cuando este ha sido lo mejor intencionado por parte de ellos. Todos nosotros poseemos áreas ocultas de debilidades (sin mencionar los vestigios del pecado de Adán que continúa acosándonos después de nuestra conversión). Pero la mayoría de nosotros no estamos tan profundamente divididos como para ser *llevados por apremios.* Tratamos de someter nuestros impulsos a la corrección de la Palabra de Dios, y estamos obligados exitosamente a no desear deshonrar a nuestro Señor Jesucristo. Aparentamos «tener todo en orden» y hasta podemos felicitarnos de *no poder* ser tentados por los pecados sexuales.

Por lo tanto, este libro ha sido escrito para ayudar a los cristianos de buena conducta, íntegros en apariencia, pero que no obstante pueden caer presa de las condiciones y presiones que pueden actuar hasta que lo que habían sido solo inclinaciones controlables se transforman en hábitos apremiantes y descontrolados. Dado que nuestra voluntad siempre está involucrada, ninguno de nosotros está totalmente justificado. No somos meramente víctimas de lo que nuestra sociedad nos impulsa a hacer. Por ello es que este libro contiene mucho amor firme, y algunas advertencias acerca de la disciplina severa. Pero nuestro propósito principal es proveer de *bases de información para la compasión y la sanidad*, y *claves de conocimiento para protegerse de la caída.*

Este libro *no* ha sido escrito para los que salen con el propósito de pecar. Dios tiene una advertencia para estos «cristianos»: *¡Dejen de pecar! ¡Vivan con rectitud!*

Está escrito con compasión y comprensión, para impartir el perdón y la sanidad a aquellos que suponen que están bien pero se encuentran sujetos por fuerzas que no entienden y a las cuales no pueden resistirse. Está escrito también para aquellos que han sido heridos y desilusionados por sus acciones. Hemos escrito para equipar al Cuerpo de Cristo para ayudar a los caídos y a sus víctimas, para que el Cuerpo no pueda equivocarse ni por condenación ni por un celo impropio. Que Dios prospere el ministerio de cada hermano y hermana el uno hacia el otro, tal como nuestro Señor Jesucristo ha salido para sanar su quebrado Cuerpo en estos peligrosos tiempos.

Causas personales de los pecados sexuales y su curación

1

Adulterio espiritual, aventuras amorosas y adulterio físico

Los cristianos raras veces salen con el propósito de cometer adulterio. Muchos se sienten heridos y perplejos de que esto pudo haber estado en su mente. Especialmente los líderes, tales como evangelistas, pastores y maestros, ¡están asombrados de comprobar que los pecados sexuales que ellos pensaban que nunca iban a cometer los habían vencido rápidamente! El Cuerpo de Cristo se tambalea desilusionado, esforzándose por comprender cómo tantos poderosos hombres de Dios pudieron ser vencidos. ¡Cristianos y no cristianos se preguntan por qué tantos hombres que tienen la responsabilidad de velar por la reputación de Cristo ante millones pueden arriesgar tanto por tan poco!

Poderosas fuerzas sexuales pueden hacerse cargo de hombres y mujeres, conozcan o no al Señor. ¡Lo que confunde a los cristianos es que a veces no parecen estar más protegidos de los pecados sexuales que los no creyentes! No deberíamos asombrarnos. Estamos sujetos a los mismos impulsos carnales, sumándose el hecho de que Satanás no trabaja tan fuertemente para poner en problemas a los no creyentes. ¿Por qué lo haría? Los no creyentes ya están en su reino. Es a los cristianos a los que quiere destruir. ¡Y muchos le ayudan inconscientemente! La mayoría de las veces, los cristianos permanecen lamentablemente ingenuos acerca de sí mismos como seres sexuales, ignorantes de las fuerzas que yacen en la naturaleza humana y que pueden hacerlos caer, y consecuentemente ignorantes de las formas en las que las fuerzas de la oscuridad pueden manejar situaciones e impulsos sexuales para sumergirlos en problemas. Verdaderamente, «mi pueblo fue destruido, porque le faltó conocimiento» (Oseas 4.6).

EL ADULTERIO ESPIRITUAL

Por la gracia de Dios nunca conocí sexualmente a otra mujer que a Paula. Pero esto no me dejó fuera del adulterio *espiritual*. Mi madre me pareció siempre una persona criticona e hiriente al lado de la cual era difícil estar. Por lo tanto construí murallas que nos separaran; era peligroso tener una mujer primaria cerca de mí. Esto significó que en los comienzos de nuestro matrimonio no pude franquearme con Paula, y esto me hizo vulnerable.

Dios nos creó con la necesidad de tener con quien hablar. Dijo que no es bueno que el hombre esté solo (Génesis 2.18), y creó a la mujer para confortar el corazón del hombre. Sin embargo, en mi caso, temía dejar entrar a Paula en mi corazón. Pero como la naturaleza aborrece el vacío, me encontré compartiendo cosas con otros hombres y mujeres de la congregación que pastoreo, cosas que debían haber sido compartidas primeramente con Paula y en algunos casos solamente con ella: revelaciones, intuiciones, heridas, temores, ansiedades y esperanzas, todo sentimiento que tocaba mi corazón y que necesitaba consuelo o confirmación. Era la tarea de Paula y no la de ninguna otra persona la de tener cuidado mi corazón. Pero yo aprendí que todo lo que supiera una madre «¡puede ser usado en contra nuestra en el tribunal de justicia!» Dado que Paula había reemplazado a mi madre como la mujer principal de mi vida, yo proyecté en ella la imagen de que me iba a tratar igual que como lo había hecho mi madre. Reaccioné entonces como si de verdad lo hiciera, sin importarme lo que realmente hacía. No había forma de que conversara con Paula más de lo que yo pensaba que debía decirle.

Debido a estas experiencias y sentimientos, encontré sitios «más seguros». Me era especialmente fácil franquearme con mujeres de mayor edad. Quería mucho a mis abuelas y me agradaba conversar con ellas. Por lo tanto, las mujeres de más edad no me eran una amenaza. Ninguna podría ocupar el lugar primario como Paula, por lo tanto podía conversar libremente con ellas.

En algunas reuniones de la iglesia, Paula me escuchó casualmente hablar acerca de cosas íntimas que ella no conocía y eso la hirió terriblemente. ¡Me habló sobre el asunto en fuertes términos! Comencé a ver que tenía razón y que debía haberlo comentado con ella antes. Pero en ese tiempo no tenía idea acerca del adulterio espiritual y nunca tuve la mínima tentación de pensar *sexualmente* acerca de cualquiera de las mujeres a las cuales había revelado mis cosas. Yo era joven e inmaduro y completamente ingenuo acerca de lo que ellas pudiesen pensar o sentir acerca de mí. Después que Paula me explicó lo que sentía por todo lo que estaba sucediendo, traté de no olvidar que debía hablar primeramente con ella todas las cosas. Pensé que esto solucionaría el problema. Pero luego de asegurarme de que se lo había contado a Paula, iba derecho a franquearme con otras mujeres; y aunque solo lo hacía por conversar, lo hacía en una forma que debía estar reservada solamente para mi esposa. Yo no podía ver que ofrecía realmente muy poca vulnerabilidad en casa y que solamente estaba fingiendo vulnerabilidad «afuera», donde parecía ser más seguro.

Paula, que es muy sensible espiritualmente, me dijo muy pronto: «John, ¡es como si no estuviésemos solos en la cama! ¡Puedo sentir que los espíritus de esas mujeres están en este momento con nosotros en nuestra cama»! No había nada raro o oculto respecto a eso. Las esposas frecuentemente «saben» cuando sus maridos están envueltos en relaciones de adulterio o potencialmente peligrosas. Es parte del sexto sentido de las mujeres ser capaces de sentir cuando otra mujer se acerca demasiado a su marido. ¡Las palabras de Paula llamaron mi atención! Juntos oramos al Señor para que nos revelase cualquier cosa que pudiese causar esto. Dijimos: «Señor, si existe algo en John que aún necesita de una madre y de alguna forma estas mujeres están siendo invitadas a llenar esa necesidad, sánalo. Pon la cruz entre John y cualquiera otra mujer que se sienta atraída a tratar de llenar cualquier doloroso vacío en su corazón».

Hicimos lo que llamamos nuestra «oración tipo escopeta de perdigones». Oramos por cualquier tipo de posibilidad que se nos pudiera ocurrir y en el caso de que se pudiera aplicar a mí: «Espíritu Santo, revela en John lo que lo impulsa a alimentar su ego enamorando a otras mujeres; o simplemente arréglalo, ya sea que él se dé cuenta o no... Si hay algo en John que inconscientemente lo lleva a castigar a las mujeres excitándolas primero y luego desalentándolas por moralidad, ponlo a morir en tu cruz... Señor, si hay algo en John que lo impulsa a gastar bromas y jugar con el sexo fuera de los límites del matrimonio, mata ese algo... Padre, cualquiera cosa que en John lo impulse a buscar cualquier tipo de satisfacción con mujeres que tú has dispuesto que únicamente Paula le proporcione, haz que él se dé cuenta de ello; y si aun no fuere así, mata ese algo de todas formas... Señor, si en John existen ocultos e indignos impulsos sexuales, lidia con ellos antes que algo se apodere de él». Oramos juntos por todas las cosas que se nos ocurrieron en ese momento.

Después volvimos a las raíces de dolor en mi relación con mi madre y mi hermana y cualquiera otra mujer en la cual pudimos pensar. Como yo había tenido una paternidad a la inversa (mi padre se convirtió en un alcohólico cuando yo tenía alrededor de diez años, por lo tanto tuve que ser el apoyo de mi madre y de mi joven hermano y hermana), luchábamos con los efectos de esa situación.

Las personas que han tenido una paternidad inversa aprenden que su hogar es un lugar de tensión, no de renovación. Siempre están en guardia en su casa, no sea que estalle el caos y alguien salga lastimado. Por eso aprendí a encontrar consuelo *fuera de mi casa*: en el jardín con mis plantas o en el patio con mi hermoso perro pastor escocés o en un establo con mi dulce y amorosa vaca.

Estos amigos nunca me lastimaron ni decepcionaron. Siempre podía contar con que me recibirían con amor y afecto. Por eso había en mí un arraigado patrón de buscar consuelo fuera de mi hogar, con otras personas. Eso tenía que morir.

Después de unos pocos meses de persistente oración y búsqueda, no solo conseguimos detener esos patrones pecaminosos sino que nos dimos cuenta del adulterio espiritual. Comprendimos que un hombre o una mujer pueden estar «segurísimos» de que son sexualmente fieles a sus cónyuges e igualmente seguros de que siempre lo serán, ¡y segurísimamente estar equivocados!

Probablemente no era el único entre los hombres jóvenes casados. La mayoría de nosotros eramos bastante ingenuos acerca del tipo de relaciones en las que estábamos involucrados, y casi totalmente ignorantes respecto al adulterio espiritual. Consecuentemente las personas pueden estar profundamente involucradas en ello y estar totalmente ciegas al respecto.

Paula solía decirme: «John, ¿por qué no me dijiste a *mí* que estabas preocupado acerca de eso? Ese es *mi* trabajo. Me duele cuando se lo cuentas a otra antes que a mí». O también: «John ... no tenía que enterarse del dolor de tu corazón. Ese es *nuestro* asunto. Yo sé que lo hablaste antes conmigo, pero hubiera deseado que no se lo contaras a nadie más. Algún día te darás cuenta de que yo soy la mejor amiga que tienes». O aun respecto al éxito y fracasos: «John, no quiero ser la última en enterarme de lo que te está sucediendo. Es vergonzoso cuando las personas saben más que yo de lo que está ocurriendo».

Yo no había despertado. Muchos, quizás la mayoría, llegan más despiertos al matrimonio. Pero el adulterio espiritual es más sutil que mi inmadurez. Muchas mujeres, casadas con hombres que parecen poseer poco interés en asuntos espirituales, encuentran un compañero de oración con el cual pueden desahogarse, sin darse cuenta de que este puede estar cometiendo adulterio espiritual. Los hombres pueden cometer adulterio espiritual con compañeros de trabajo de cualquier sexo. Las personas solteras pueden desarrollar la costumbre de comunicar a sus amistades los sentimientos de su corazón, costumbre que no desaparecerá fácilmente cuando un cónyuge llegue a ocupar ese lugar en su corazón.

Franquearse uno con otros no es adulterar. En Cristo, todos necesitamos aprender a contarnos nuestros problemas, porque mientras más sinceros e íntegros seamos, más maduros seremos en Cristo. *Ocurre adulterio espiritual cada vez que, al franquearnos, concedemos a otro que no es nuestro cónyuge la posición de consuelo y renovación que pertenece primera y a veces únicamente a nuestro cónyuge.* Dios, a través del Espíritu Santo, es nuestro primer y más grande Consolador. Pero siempre que Él decida efectuar ese trabajo a través de un vaso humano, es nuestro cónyuge el que posee el primer y más grande derecho sobre nuestro corazón. Tristemente, la mayoría de nosotros nunca escuchamos nada acerca del adulterio espiritual; permanecíamos ingenuos y ciegos en esto.

Por lo tanto, creo que la primera y mayor causa del adulterio *sexual* entre cristianos bien intencionados es el adulterio *espiritual*. Como ya he indicado antes, el adulterio espiritual puede ser definido como cualquier momento en que una persona casada cuenta a otra lo que primera o únicamente debía contar a su cónyuge. Puesto que cualquiera, creyente o no creyente, puede caer en el adulterio, necesitamos delimitar nuestra definición a los cristianos diciendo que el adulterio espiritual ocurre toda vez que, en el proceso de caminar juntos en Cristo, los creyentes abren inconscientemente a otra persona su renovado espíritu, y se desahogan en alma y espíritu cuando debían haberlo hecho primera o únicamente con su cónyuge.

El adulterio espiritual es una clara trampa para el cristiano. Cualquiera puede caer en adulterio emocional o del corazón. El adulterio emocional, aunque a veces no intencional, es usado frecuentemente en forma consciente por personas adúlteras para seducir a otras a entrar en relaciones extramaritales. Estas personas utilizan rápidos vistazos o miradas cargadas de emoción, lenguaje del cuerpo, toques y palabras sugestivas, todo lo que intente ser una señal y reciba un consentimiento.

Pero *el adulterio espiritual lleva esta distintiva marca, que siempre es involuntaria* (al principio): sus participantes no están enviando y recibiendo señales deliberadamente. Al principio, no están conscientes de lo que está sucediendo. Esta es una de las razones fundamentales de que los cristianos caigan en el adulterio. Si el adulterio espiritual fuese manifiesto, si se vistiese especialmente con alguna vestimenta sexual reconocible, los cristianos bien intencionados se lo sacudirían rápidamente de encima. Pero no es así. Se desliza sin ser visto hasta que los cristianos se involucran tanto el uno con el otro, frecuentemente sin darse cuenta del crecimiento de la atracción física, que caen en la tentación sexual antes de que sepan lo que está pasando.

¡Siempre que el adulterio espiritual persiste, conduce inevitablemente al adulterio físico! ¡Después de treinta años de brindar consejería a miles de parejas, tratando de recoger los pedazos de matrimonios destrozados por los adulterios, Paula y yo podemos decir confiadamente que no recordamos ningún caso que no haya comenzado con adulterio espiritual! (Recordando por supuesto que solamente estamos hablando de aquellos que cayeron involuntariamente, no de los que intencionalmente lo buscaron.)

Historia y anatomía de una típica espiral desde el adulterio espiritual a una aventura amorosa y un completo adulterio físico

Un pastor sale del seminario lleno de ideales. Quiere ser un santo para el Señor, ¡con la determinación de que mantendrá sus altos niveles morales a través de todo su ministerio! Miraba con horror y sobresalto, quizás hasta con un poquito de condena, a los que habían caído, seguro de que una cosa así jamás le podría suceder a él.

Su corazón entregado muchas veces le ensancha el camino (Proverbios 18.16). Pronto se exige más allá de lo debido. Comienza por abandonar sus días de descanso, pensando que es un sacrificio suficientemente pequeño que él puede hacer al Señor, sin advertir que ya está en pecado contra el mandato de Dios acerca de ese día. Dios no le había pedido ese esfuerzo extraordinario sino que en su autosuficiencia él mismo lo decidió. Enseguida, un creciente cansancio comienza a afectar su percepción y su juicio.

Encuentra que no puede hablarlo todo con su esposa. Esto puede ser parte del riesgo profesional que enfrenta todo pastor. Todos tememos que si hablamos aun discretamente lo que ocurre en la oficina de consejería o acerca de alguna situación en la iglesia, no seremos capaces de parar y terminaremos diciendo lo que debería haberse mantenido confidencial. Vivimos con el temor de que alguien pueda hacerle preguntas a nuestras esposas de las que *no* deberían conocer las respuestas, y que si las hacen, ¡estaríamos en grandes problemas!

Por eso evitamos decirlo todo. Las esposas de los pastores hacen frecuentemente con pesar chistes acerca de que ellas generalmente son las últimas en enterarse de lo que ocurre en la iglesia. Si este tipo de riesgo profesional se combina con cosas ocultas en el corazón del pastor tales como las que están en el mío, se quiebra la comunicación entre pastor y esposa. Finalmente comienza a dejar de comunicarle todos los otros asuntos que tienen poco o nada que ver con la iglesia. Ella se convirtió en una «viuda de la profesión».

Las exigencias aumentan. Tiene que pasar más y más tiempo en la oficina o al servicio del Señor. Su unción aumenta. Pueden suceder milagros. La congregación sigue creciendo.

El pastor (evangelista, maestro, profeta) se ha vuelto ahora drásticamente vulnerable a la tentación ¡y profundamente ignorante de ella! Está en la cima de su poder, sirviendo con fuerza, quizás más allá de lo que alguna vez soñó o esperó.

Pero su corazón está agonizando. Se ha transformado en una cáscara. Late solamente por la unción, emocionalmente vacío y necesitado, ah, profundamente necesitado.

Junto con esto viene la inevitable secretaria (diaconisa, directora del coro, conductora del grupo de oración, y todo lo demás). Su ocupación le exige que sea comunicativo, ya sea solamente a través de detalles o por programas planificados. Pero esta pequeña circunstancia es más de lo que ocurre en la casa. Comienza a hablar con la otra mujer de otras cosas además del planeamiento laboral (claro, necesitan hablar para poder trabajar en unidad). Él necesita desesperadamente a alguien que lo comprenda. Su mujer parece no poder hacerlo. En realidad, debido a que ella lo entiende perfectamente, es que le ha llamado la atención para que vaya más despacio. Esto, no obstante, solamente lo ha convencido de que no lo comprende cabalmente o no aprecia la importancia de lo que está haciendo. Siente como si ella simplemente no apreciara la «santidad» del llamado de su vida. Definitivamente, «no lo comprende». Él se ha convertido innecesariamente en un solitario y en un despojado.

Si las relaciones sexuales con su mujer no se han atrofiado completamente, siente que se entrega a los juegos del amor solo por desahogo físico. Dado que no se está comunicando con ella ni hay sinceridad entre ellos, siente como si en cualquier requerimiento sexual que él le haga él la está *usando*. Se ha tornado difícil ser sincera con él, entregarse completamente. Esto lo mata emocionalmente, y las demandas continúan vaciando sus ya exhaustas reservas emocionales.

Mientras tanto, la íntima asociación con su compañera de trabajo ha comenzado a agitar extrañas emociones en su corazón. Comienza a ser ya casi innegablemente renovador y sanador el tiempo que pasa con esa compañera en Cristo. Comienza a inventar motivos para consultarla. Sus emociones vuelven otra vez a la vida. Siente nuevamente los impulsos de sentimientos románticos que hacía tiempo se encontraban dormidos. Primeramente los proyecta sobre su esposa y se torna un mejor amante en su casa. Ella se asombra del cambio, y su alivio está teñido de aprensión. Antes de que pase mucho tiempo, él no podrá dejar de sentir sentimientos románticos hacia su compañera de trabajo.

Es muy probable que la otra mujer esté pasando por la misma clase de cambios en las relaciones en su hogar y hacia él. Sea casada o no, encuentra una tremenda satisfacción en su asociación con este poderoso hombre de Dios. Al mismo tiempo, calma sus crecientes temores acerca del destino de esta relación. Después de todo, está simplemente a su lado como debe hacerlo un ferviente servidor, dándole la fortaleza de seguir adelante, lo que ningún otro parece estar haciendo, ni siquiera su esposa.

El hombre de Dios tal vez comienza a sospechar que algo no está del todo bien. Realmente nunca oyó nada acerca del adulterio espiritual y no tiene experiencia o conocimiento como para reconocer sus señales de peligro. Todo lo que sabe es que se siente bien y confortable cuando está con su amiga. Cuando examina sus motivos, no descubre ningún deseo (hasta ahora) de hacer algo sexual. A los amigos, autoridades o a su esposa que tratan de advertirle sobre esta situación, les protesta y les dice que es una relación puramente platónica, necesaria para el progreso de la obra de Dios. Tal vez hasta castigue a aquellos que le advierten, diciéndoles que simplemente no entienden la verdadera relación cristiana, y que quizás ellos tengan mentes sucias y necesiten arrepentirse. «¡La gran idea!» Sin embargo, el Cuerpo de Cristo generalmente ignorante acerca del adulterio espiritual y de sus peligros, se queda en silencio y simplemente se lamenta y ora sin efectividad (debido a que Dios no quiere hacer lo que es *nuestro* trabajo).

A medida que transcurre el tiempo, la relación progresa. Ahora él está luchando contra distintos apremios románticos. Desea hacer pequeñas cosas especiales para ella, como colocarle un ramo de flores en el escritorio y recibir entonces una secreta emoción al ver su deleite. Comienza a sentirse como un adolescente. Se siente tan bien de volver otra vez a la vida que si se encienden luces de advertencia en su cabeza, su corazón está demasiado emocionado para permitirle escuchar. Sabe que algo no está bien. Pero sin tener conocimiento del adulterio espiritual, no puede imaginarse exactamente qué es lo que está pasando.

Sabe que tendría que sentirse mal por lo que está haciendo, pero se siente tan bien que no puede culparse de ello. Además, se dice a sí mismo que en realidad no ha hecho otra cosa que gozar de algunas vanas fantasías. Quizás recuerda que Jesús dijo que «todo el que mire a una mujer para codiciarla ya cometió adulterio con ella en su corazón» (Mateo 5.28), pero se dice a sí mismo que ese versículo no es aplicable a *él* por que no percibe ningún sentimiento de lujuria hacia ella. Por el contrario, se siente protector de su virtud como un hermano mayor. Ahora está completamente engañado respecto a sus actuales deseos y gravemente ignorante del riesgo que corre su alma.

Tarde o temprano, la pareja será arrastrada a una oportunidad de contacto físico. Generalmente sucede durante una convención o un viaje. Quizás simplemente la acompaña hasta su habitación. Pero cuando él trata de darle un rutinario abrazo cristiano, ¡los sentimientos retenidos surgen de golpe! Sea cual fuere la circunstancia que haya provisto la oportunidad, ellos dos están aprisionados por fuerzas que son incapaces de resistir. Paula y yo hemos aconsejado a personas que inicialmente tuvieron la fuerza suficiente para frenarse antes de hacer algo más que fuertes caricias. Pero lo que comenzó en ellos sigue trabajando hasta que llega una oportunidad que no puede resistirse. Finalmente terminan juntos en la cama.

Como siervos de Dios ambos saben que deben sentirse terriblemente culpables y quizás la culpa los acosa. ¡Pero ellos encuentran extremadamente confuso el que se sientan tan bien! Esperaban que su pecado los enfermaría del corazón y que estarían abrumados por el remordimiento. Si bien se sienten algo culpables, lo que los sorprende es que no se sienten de ninguna manera abrumados. ¡Ellos se sienten dulcemente amados, enamorados e inexplicablemente saludables! Su acto de amor no contiene la plenitud de gloria que Dios dispuso para el acto sexual. Esa gloria viene del Espíritu Santo cantando la sinfonía de la vida y del amor a través de uno hacia el otro, espíritu a espíritu, corazón a corazón, cuerpo a cuerpo. *El Espíritu Santo no canta en lugares inmorales*. Pero el nivel de comunicación abrió los corazones del uno al otro en formas y aspectos largamente cerrados para sus propios compañeros. En consecuencia, su unión ha ido muy lejos y más excitante y placentera que lo que encontraban en su casa. Esto los confundió completamente.

Entonces la pareja comienza con un proceso de justificación. Por supuesto que ellos *saben* que lo que han hecho es pecado y que no puede quitarse completamente razonándolo. Pero su relación les dice que ellos deben estar verdaderamente enamorados el uno del otro. Tal vez, razonan de que realmente nunca estuvieron enamorados de sus propios cónyuges. Después de todo, eran muy jóvenes. Ahora son mayores y conocen mejor sus mentes. Esto debe ser amor verdadero. Si solamente se hubiesen encontrado antes. Seguramente Dios comprenderá, entonces sus mentes son inundadas con Escrituras acerca de su gracia y perdón.

En ese instante, toman la determinación de que nunca más volverán a tener relaciones sexuales y hacen votos de abstinencia. Pero sus cuerpos ya aprendieron cómo complacerse y excitarse mutuamente y no podrán evitar encontrar nuevas maneras de estar juntos otra vez.

Lo que más confunde al hombre de Dios es que descubre que no solamente la unción no se ha ido, ¡sino que se ha convertido en un cada vez más estimulante y poderoso predicador! Sus propias luchas con la culpa y el temor, con el odio a sí mismo y los momentos de gracia, preparan su mente, a través del sufrimiento de su corazón, para alcanzar a las personas como verdaderamente son. Él entiende mejor sus problemas y luchas por la fe porque está en la misma situación. Esto lo confunde aun más. Recuerda que los dones son irrevocables (véase Romanos 11.29), pero no puede explicarse por qué le parece que se encuentra más cerca de Dios que antes. Lo que sucede realmente es que Dios está derramando su gracia para llevarlo a un arrepentimiento completo (véanse Romanos 5.20 y 2.4). Sin embargo, comienza a razonar de que quizás ahora es mucho más eficaz y que Dios está mucho más cerca debido a que finalmente tiene a la verdadera mujer a su lado, la cual Dios había planeado para él desde el primer momento. Piensa que su arrepentimiento ya fue suficiente, dado que agonizó ante Dios durante largas horas de la noche y porque luchó contra sus confusiones y culpas. Comienza entonces a pensar en divorciarse de su esposa y casarse con esta mujer porque teme el momento en el que seguramente serán descubiertos. Rumiará día y noche, tratando de planear qué hacer cuando esto suceda. Si sus hijos aún son pequeños, su corazón estará convulsionado por la pena y la culpa, sufriendo porque sabe que su esposa no se los dará. El dolor de lo que se anticipa se vuelve tan grande que en realidad comienza a anhelar que los descubran, así puede terminar con esto de una vez y por todas. Entonces comienza a hacer cosas calculadas inconscientemente que sean capaces de descubrirlos.

Comienzan a atormentarlo pensamientos acerca de que, después de todo, esta relación puede ser completamente una ilusión y una trampa. ¿Está dispuesto realmente a sacrificar su familia y quizás todo su ministerio por todo lo que esta relación parece ofrecerle?

Realmente, lo que cree que ha encontrado en esta mujer es lo que su corazón todo el tiempo ha ansiado de su esposa. Él no se da cuenta de que si se divorcia y se casa con su concubina, ¡ella estará entonces en la misma posición que ocupa ahora su actual esposa, bloqueada por los recuerdos de su madre y con los mismos riesgos profesionales que ayudaron a quebrar su capacidad de comunicarse con su esposa!

El supuesto amor por su concubina es en realidad una ilusión. Él *realmente* no la conoce, no importa cuánto cree que entiende su corazón como a ningún otro. Lo que él cree que sabe está compuesto por fantasías y proyecciones de «la mujer ideal», un mundo de sueños que habita en el corazón de cada hombre. A través de nuestra infancia, todos nosotros hemos recogido imágenes del hombre y la mujer ideal. Las películas, novelas, historias, mitologías y la Biblia han implantado escenas de héroes y heroínas en nuestra memoria. Estas actúan subliminalmente, conduciéndonos a una búsqueda por encontrar la fantasía de nuestro corazón. De pronto, después del casamiento, descubrimos que nuestro compañero o compañera no es el ideal de nuestros sueños que pensamos que eran. Por lo tanto, la búsqueda vuelve a comenzar inconscientemente. El adulterio espiritual recibe la mayor parte de su poder del error de creer que en esta persona hemos encontrado al fin la satisfacción de los sueños de nuestro corazón.

La verdad es que nadie puede satisfacer nuestra visión de fantasía. Ningún ser humano podrá ser ese ideal. Pero mientras esa visión viva en nuestro pecho, nos seducirá a una continua e infructuosa búsqueda. Lo que sucede a los hombres envueltos en adulterio espiritual es que la ilusión les hace ver que esa mujer es la verdadera versión corporal de ese sueño. Entonces proyectan su mundo emocional en cuidar a su concubina porque piensan que no pueden vivir sin ella. Lo mismo ocurre con la mujer, la cual cree que encontró en ese poderoso siervo de Dios al hombre ideal.

Cuando finalmente lo sorprenden, o confiesa, o es descubierto por alguna evidencia, es incapaz al principio de un arrepentimiento total. Con seguridad, el dolor que siente por lo que ha hecho a su Señor es enorme. Lo que le ha hecho a su mujer y a sus hijos lo arruina hasta el alma. Y el destrozo de su iglesia casi le parte el corazón en dos. *Pero todo este dolor no debe confundirse con arrepentimiento. El arrepentimiento nace de la gracia de Dios,* que le otorga al hombre la capacidad de afligirse, no por su propia pérdida o por haber herido a otros, sino *por su causa.* Conocimos a un hombre joven que se afligió mucho por haber herido a otros, pero nunca lo vio en términos de identificarse con ese dolor, por su bienestar.

Una persona puede llegar a un verdadero arrepentimiento por el Señor, por la aflicción que le causó, por amor a Él. Pero el adulterio es una trampa porque el corazón no está entregado completamente a su esposa ni a su familia, ¡y no hay garantías de que el sufrimiento lo conduzca a una verdadera entrega de su corazón a ella y a sus hijos ni de que ahora piense en sus necesidades más de lo que lo hacía antes!

Algunos hombres eligen a su recién encontrado «amor» y dejan a sus esposas. En estos casos es obvio que el arrepentimiento no fue total ni la sanidad completa. Pero algunos eligen quedarse con sus esposas. En este caso es más difícil discernir si hubo un arrepentimiento total y si la sanidad fue completa. El esposo se siente más cerca de su esposa, especialmente porque como es cristiana, el corazón de ella generalmente le permite perdonarlo y estar a su lado durante todas las luchas que sobrevendrán.

Pero por lo que ahora ellos tienen que luchar es por reconstruir las bases de comunicación. Las relaciones sexuales pueden ser ahora excelentes ya que, el dolor de lo perdido y la nueva disposición para comunicarse, pudieron abrir puertas largamente cerradas. Pero, cuán frecuentemente hemos visto con tristeza a estas parejas que se engañan y piensan que al fin han aprendido completamente a comunicarse, que han redescubierto su amor (a un gran costo), y que ahora todo marchará bien y para siempre. Realmente, esto no es así. *El verdadero arrepentimiento debe «dar frutos dignos de arrepentimiento»* (véase Mateo 3.8). Puede que él sea especialmente atento y sensible por un tiempo, y esto pueda engañarla y pensar que tiene un nuevo marido. Pero un verdadero arrepentimiento por amor a ella lo llevará a analizar las raíces de sus malas relaciones desde el principio.

Él hará cualquier esfuerzo posible por despejar lo que aún no le permita entregarse completamente y sin reservas, como los recuerdos dolorosos de su vida con su madre, sus ajustes por retirada, los amargos temores de que la mujer de su vida lo defraude, etc. Él no abandonará su búsqueda juntos hasta que por el bien de ella aprenda cómo darle a su esposa el verdadero lugar que Dios dispuso para ella, como guardiana de sus sentimientos y renovadora de su corazón.

Tristemente, lo que vemos que sucede con mayor frecuencia es que después del «suceso» su intimidad los convence inmediatamente de que él ha aprendido la lección y que se ha convertido en un esposo verdaderamente comunicativo. Pero puede ser que pocas o ninguna de las razones principales de su incapacidad de comunicarse han sido enfrentadas y tratadas. En consecuencia, tarde o temprano retorna a las mismas costumbres de reclusión, se vuelve vulnerable otra vez y cae con otra mujer o algún otro modo de pecar que aparenta aliviar la presión de su continua soledad.

ANTÍDOTOS

Los antídotos pueden prevenir el pecado antes que ocurra y prevenir también su reaparición posterior.

El mejor antídoto es la sabiduría. «Porque la sabiduría protege lo mismo que el dinero, pero la sabiduría tiene la ventaja de darle vida al sabio» (Eclesiastés 7.12, VP). Estar en conocimiento del adulterio espiritual ha sido para mí una gran protección durante todos estos años.

Alguien pudiera preguntar: «Si el adulterio espiritual es tan corriente y engañoso, ¿cómo puede evitarse?» O tal vez: «¿Cómo puedo estar libre de compartir con quien quiera, en grupos de apoyo en la iglesia y otras partes, especialmente con mi pastor, si esto puede convertirse en adulterio espiritual?» Semejante temor está bien justificado. El temor sano es parte de nuestra protección. «Ocupaos en vuestra salvación, con *temor* y temblor» (Filipenses 2.12) y también: «El principio de la sabiduría es el temor de Jehová; buen entendimiento tienen todos los que practican sus mandamientos» (Salmo 111.10). Debemos aprender a que el temor nos mantenga alerta. Es por la *práctica* que aprendemos a discernir el bien del mal (véase Hebreos 5.14).

El temor no debe impedir que nos comuniquemos mutuamente en la iglesia. Si *no* somos sinceros y compartimos apropiadamente en la iglesia, probablemente tampoco lo haremos en la casa, y esto solo aumentará nuestra vulnerabilidad a la tentación. *Los cristianos deben aprender arriesgándose.* Por supuesto que muchas veces caeremos en adulterio espiritual mientras aprendemos qué y cuándo compartir y, qué y cuándo *no* compartir con otros.

Pero no debemos vivir en adulterio espiritual ni un instante más que el que toma reconocerlo y arrepentirse. Si estamos conscientes de la posibilidad, entonces con la práctica podremos aprender. Aprendí a través de las pruebas y de los errores hasta que tuve lo que pudiera llamar un sistema sensor automático dentro de mí. Timbres de alarma suenan en mi interior si yo comienzo a decir algo privado que Paula y yo aún no hemos tenido la oportunidad de hablar. Sirenas de alarma se activan dentro de mí si comienzo a sentirme cerca de alguien de manera que le pertenece únicamente a Paula.

Es útil conocer algunos principios y los detallaremos en un momento, pero tratar de recordarlos en el medio del desarrollo de una relación no tiene efecto. Deben ser *incorporados dentro de uno* con la práctica y la determinación de mantener puro nuestro corazón ante Dios y ante nuestro cónyuge, *antes* de que nos involucremos profundamente. Sin embargo, en lugar de evitar todos los encuentros por el temor de resbalar y caer, debemos aprender a arriesgarnos en grupos pequeños, al lado de nuestro cónyuge, en donde podamos advertir determinadas situaciones y enseñarnos mutuamente. Tuve que aprender a escuchar a Paula una y otra vez cuando me señalaba: «¿Te has dado cuenta de que los sentimientos de esa mujer hacia tí no son lo que tú crees?» Después de un tiempo comencé a discernirlo por mí mismo.

Debemos aprender a escuchar humildemente, hasta que la verdad que pronuncian otros se convierta en nuestro práctico sistema de alarma. Pero debemos reconocer que ni aun así estamos a salvo. A veces, por una u otra razón, nuestro sistema de alarma no funciona, o no lo escuchamos cuando se activa. No importan las habilidades que uno adquiera, siempre necesitaremos la percepción y el consejo de otros.

Algunas iglesias no poseen «pequeños grupos» en los cuales los miembros puedan aprender el riesgo de volverse vulnerables. O sus pequeños grupos solamente «juegan» sin proyectarse verdaderamente el uno sobre el otro. Sin embargo, mi padre acostumbraba decir: «Donde hay voluntad, hay un camino». Los familiares, no solos sino en grupos, los amigos, los compañeros de trabajo, los vecinos, cualquiera lo suficientemente cercano como para conocernos puede discernir cuando estamos «jugando» y actuar como un contrapeso y advertencia. Nadie necesita estar a solas.

Cómo evitar el adulterio espiritual

Primero, *no se aísle*. El enemigo de nuestras almas desea escucharnos decir el poema con el cual todos hemos crecido y que vivamos conforme a sus versos:

> Soy el señor de mi destino;
> soy el capitán de mi alma.
> —De *Invictus*, por William Ernest Henley

Ni somos los capitanes de nuestras almas ni los señores de nuestros propios destinos. Nuestro Señor Jesús lo es. A través de Pedro, Él nos dice que «vosotros también, como piedras vivas, *sed edificados* como casa espiritual» (1 de Pedro 2.5); no edificados por nosotros mismos sino *siendo edificados por otros*.

Y leemos en los Proverbios:

> Oirá el sabio, y aumentará el saber,
> Y el entendido adquirirá consejo (1.5).

> El camino del necio es derecho en su opinión,
> Mas el que obedece al consejo es sabio (12.15).

> Ciertamente la soberbia concebirá contienda,
> Mas con los avisados está la sabiduría (13.10).

> Donde no hay dirección sabia, caerá el pueblo,
> Mas en la multitud de consejeros hay seguridad (11.14).

Dios quiere un pueblo que aprenda a ser sociable, un pueblo que comparta abiertamente sus vidas uno con el otro. Tal vez, una de las razones por la que tantos caen en estos tiempos es porque no entienden que Él quiere que aprendamos a practicar la sociabilidad dentro de los pequeños grupos de apoyo en la iglesia, que es donde hay una relativa seguridad. En consecuencia, no estamos preparados para tratar correctamente con la proximidad e intimidad que experimentamos cuando Él nos junta al crear su Iglesia. Sobre todo, *no se aísle de su esposa.*

Mujer virtuosa, ¿quién la hallará?
Porque su estima sobrepasa largamente a la de las piedras
  preciosas.
El corazón de su marido está en ella confiado,
Y no carecerá de ganancias.
Le da ella bien y no mal
Todos los días de su vida (Proverbios 31.10-12).

O de su esposo.

Las casadas estén sujetas a sus propios maridos, como al Señor (Efesios 5.22).

Y la mujer respete a su marido (Efesios 5.33).

Sea cual fuere el precio de mantener una fluida comunicación, completa, sincera e íntima, páguelo alegremente. Si la sinceridad falta en su hogar, baje un poco de las alturas de su ministerio. Actúen juntos en su hogar antes que intente escalar esas alturas otra vez.

Jehová el Señor es mi fortaleza, El cual hace mis pies como de ciervas, y en mis alturas me hace andar (Habacuc 3.19).

La cierva puede caminar con seguridad sobre las altas montañas porque sus patas traseras pisan exactamente donde pisaron sus patas delanteras. Hay lugares en que el ciervo caería mortalmente, si sus patas traseras se apartaran siquiera unos centímetros de la línea. De igual manera, nuestros más íntimos pensamientos deben ser entrenados para seguir exactamente la guía de nuestras mentes renovadas, de otro modo caeríamos en tentaciones y desastres. Debemos edificar en nosotros tales guardianes de seguridad para que podamos ir seguros a las alturas del Señor, y esa práctica comienza en nuestro hogar. Ore *junto con su cónyuge* por todas esas posibilidades que Paula y yo desarrollamos.

Segundo, *aprenda acerca del adulterio espiritual y cuáles son los síntomas de los cuales debemos cuidarnos.*

Ya hemos hablado acerca de la naturaleza del adulterio espiritual; los síntomas más comunes son los siguientes:

1) Tendencia a hablar los asuntos privados e íntimos, con amigos (o con cierto amigo) *antes* de hablarlos con nuestro cónyuge.

2) Pasar tiempo excesivo con un miembro del sexo opuesto, es decir, sorprendiéndose de estar inventando *motivos innecesarios* para trabajar a su lado en el evangelio.

3) Encontrar mayor satisfacción al estar con otra persona que con su cónyuge.

4) Comenzar a pensar que algún amigo *lo comprende mejor* que su cónyuge; por lo tanto usted quiere hablar con ese amigo, pero no puede comunicarse del mismo modo en su hogar.

5) *Desagrado al escuchar* las advertencias de los demás. Usted mantiene obstinadamente que esa es una relación platónica y lo hiere que los otros no lo vean así; parecen estar poco dispuestos o incapaces de confiar en usted.

6) Presumir de *sentirse juvenil o «en las alturas»* acerca de una persona en particular que no sea su cónyuge.

7) *Sentimientos románticos.* Al principio los va a transferir a su esposa o esposo y se sentirá un mejor amante en el hogar. Hasta su

nueva capacidad de amar podría adjudicársela a los «efectos beneficiosos» de su relación en el trabajo.

8) *Defensa agresiva*. En realidad, usted está tratando de *no* admitirse a sí mismo que está en algo equivocado, proyectándolo de esta forma sobre otros y atacando cada vez que alguien trata de darle una advertencia oportuna.

9) Ser muy desconfiado cuando *surgen oportunidades que lo apartan* de la mirada escrutadora o interferencia de otros. Tenga en cuenta que nuestros engañosos corazones son totalmente capaces de cambiar circunstancias haciéndolas aparecer inocentes. No se permita ninguna oportunidad de estar a solas con compañeros de trabajo «especiales» del sexo opuesto, y aprenda a reconocer la creciente frecuencia de estas «coincidencias» como una evidencia de la pecaminosa trama del corazón.

10) Por último, *preste atención a las divisiones*. Su corazón, una vez comprometido con el adulterio espiritual, encontrará razones para descalificar las advertencias de sus sabios amigos, mientras escucha el consejo erróneo de los tontos. Comenzará a alejarse de sus viejos amigos y a encontrar otros nuevos que parecerán mejores con usted pero que en realidad serán solo personas que siempre dicen sí. Estas personas le dejarán escurrirse por la alcantarilla.

> Más vale ser reprendido con franqueza que ser amado en secreto. Más confiable es el amigo que hiere que el enemigo que besa (Proverbios 27.5,6, NVI).

Tercero, *si usted no es parte de un pequeño grupo íntimo, comprometido, búsquese uno y únase a él*. Preste atención a lo que le dicen sus hermanos en Cristo. Valore sus opiniones, especialmente cuando ellos ven cosas acerca de su persona y usted cree estar seguro de que no están en lo correcto.

POSIBLES CURAS

Yo digo «POSIBLES» porque no siempre viene la sanidad. No siempre es posible la curación. Puede haber una oportunidad si la víctima es de mentalidad humilde, si aún no se engaña, o si es capaz de reconocer el poder de las profundas y ocultas motivaciones. Si la relación matrimonial ha sido tan hiriente que el adúltero, consciente o inconscientemente, busca un escape, solamente una muy alta determinación de no deshonrar el nombre del Señor puede hacer que el siervo de Dios continúe con la cruz a cuesta hasta lograr una sanidad completa. Desgraciadamente, la mayoría de las veces cuando un hombre busca ayuda ya está tan engañado en cuanto a la naturaleza de la relación en la que está envuelto que *no puede escuchar* lo que la sabiduría le quiere decir.

Un pastor me pidió consejería. Había sido incapaz de comunicarse con su esposa. Él servía en una gran iglesia urbana. Le sobrevinieron presiones y cometió adulterio con su secretaria. No era difícil ver la historia de adulterio espiritual que los había seducido. Se lo expliqué y traté de guiarlo para que recibiera el perdón por su pecado.

Pero rehusó escuchar lo que le dije:

—Pastor, usted debe relevar a su secretaria de su cargo, y nunca más volverla a ver. Sus cuerpos aprendieron a recorrer un camino y usted ya nunca estará seguro al lado de ella.

—No puedo hacer eso —me gritó.

—¿Por qué? Debe hacerlo.

—Esta mujer está en mis entrañas. ¡No puedo *vivir* sin ella!

—Pastor, usted no puede vivir *por culpa* de ella. ¡Despídala!

—¡NO!

Traté infructuosamente por un buen rato de explicarle cómo había identificado su vida emocional con ella y que este tipo de vida era el que siempre quiso tener con su esposa y que aún lo podía lograr. Mientras yo objetaba con él y argumentaba y lo sermoneaba, en silencio ataba sin resultado la fortaleza de engaño del enemigo que tenía atrapada su mente. Le advertí que probablemente perdería su iglesia y su ministerio si no detenía aquello. No quiso escuchar. Lo veo de vez en cuando. Es un pastor sin iglesia que deambula en busca de un lugar para ministrar, mientras trata se dedica sin mucho éxito a la consejería matrimonial; es un hombre destruido cuya esposa lo ha perdonado y ahora se mantiene junto a la sombra de quien fuera un noble y poderoso siervo del Señor!

La *primera lección de sanidad* es que los que han caído en una relación adúltera, ya sea un adulterio físico o no, deben *alejarse uno del otro totalmente en el Señor.* Deben separarse y repudiar completamente sus relaciones. *Deben tener la voluntad de no verse nunca más.* Si la pareja trabaja junta o son parte de la misma familia (el cónyuge de un hermano o hermana) será imposible distanciarse lo suficiente físicamente. Si este fuese el caso, los adúlteros deben practicar severamente la disciplina de la separación emocional, o no sobrevivirán la atracción mutua que sienten.

Aquí hay una gran posibilidad de que se engañen. A veces los adúlteros creen que se han «quemado tanto sus dedos» que no podrán volver nunca más a acercarse al fuego. Pero sí pueden y, si los factores causantes no han sido bien eliminados, seguramente volverán. Sus respectivas parejas los atraparán cruzándose anhelantes miradas en la iglesia o en las reuniones familiares, aunque ignoren el significado que estas tienen. Inconscientemente buscarán estar juntos «sin querer», y si alguien les dice algo responderán ofendidos. «¿Qué pasa? ¿No pueden perdonar y olvidar? ¿Por qué no nos dejan tranquilos? No estábamos haciendo nada». Quizás no. Quizás se ofendan con razón. Pero si uno de ellos, o ambos, son sabios, se darán cuenta del peligro y evitarán aun la apariencia de lo malo. Los amigos y parientes les harán un favor vigilándolos de cerca por un tiempo: «Tengan compasión de los que dudan; a otros, sálvenlos arrebatándolos del fuego. Compadézcanse de los demás, pero tengan cuidado, aborrezcan hasta la ropa que haya sido contaminada por su cuerpo» (Judas 22,23, NVI).

Una vigilancia así puede parecer opresiva o injusta. A los adúlteros debe enseñárseles a recibirla humildemente, por su bien. Será solamente temporal, hasta que la iglesia y la familia estén de acuerdo que sus corazones están verdaderamente tan libres como ellos creen que están. No se puede jugar con el adulterio espiritual, incluya o no las relaciones sexuales físicas. En esas aventuras amorosas no hay héroes, solamente cobardes vivientes. Una vez que una pareja transite por el terreno sagrado de un corazón, se graban senderos que guían de inmediato a una intimidad impropia y a apetitos físicos que inteligente y vorazmente buscan la forma de cómo expresarse.

La *segunda lección de sanidad* es que deben *orar por la separación de sus espíritus.* Dios nos ha creado de tal manera que cuando tomamos a la primera mujer como esposa, nuestro espíritu se ata a ella para protegerla, proveerla, y bendecirla con nuestro amor por el resto de sus días. De igual manera, el espíritu de una mujer se ata al primer hombre que entra en su vida, para nutrirlo y satisfacerlo todos sus días, para bendecirlo y traerle hijos a él y solo a él. Por esta razón las Escrituras dicen que él debe casarse con ella. Si no lo hace así, y se casa con otra, ella no está realizada. Desde ese momento, el espíritu de ella estará buscando satisfacer a un hombre con el que ella nunca podrá casarse. «Si alguien seduce a una mujer virgen ... y se acuesta con ella, deberá pagarle el precio a su padre y tomarla por esposa» (Éxodo 22.16, NVI). (Algunos se han aferrado de manera tan legalista a estos pasajes bíblicos que han tratado de atar a jóvenes a matrimonios que no deben ser. Recordemos que nuestro Señor puede sanar y liberar, y que Él puede encontrar respuestas más sabias que el estricto cumplimiento de la Ley.)

El punto está en que *nuestro espíritu jamás olvida esa unión, ni cualquiera otra unión.* Él sigue buscando a cada uno con el que nos acostamos, por muchos que hayan sido, sin importar cuánto tiempo hizo ni si nos olvidamos de ello.

Paula y yo fuimos a una universidad para enseñar acerca de la gloria que Dios ha reservado para el lecho matrimonial. Muchos jóvenes y señoritas se nos acercaron después de la conferencia con lágrimas en el rostro. Nos dijeron: «Ya hemos perdido la gloria».

Muchos dijeron que habían sido tantos que ya no podían recordar los nombres de todos con los que habían dormido. Estuvimos escuchando confesiones hasta bien tarde en la noche. Por cada uno de ellos oramos: «Declaramos en el nombre y por la sangre de Jesús, que has sido perdonado y lavado. *Tomamos autoridad y declaramos que tu espíritu se ha liberado de todo hombre o mujer con el cual has dormido.* Guiamos a tu espíritu para que olvide toda unión. Te dejamos en libertad de ser franco y presente únicamente a tu propio compañero cuando llegue el momento».

Sabemos que sus mentes no olvidarán sus pecados, y no lo harán por humildad. Pero sus espíritus se olvidarán de atarse a sus anteriores amantes, y serán libres y sanos otra vez. ¡Al día siguiente aquellos jóvenes llegaron completamente radiantes! Las líneas de preocupación habían desaparecido de sus rostros durante la noche. Las sombras de sus ojos habían desaparecido. Sus rostros brillaban de nuevo con un vigor joven y fresco. Exclamaron: «¡Nos sentimos nuevamente tan sanos! ¡No nos habíamos dado cuenta cuán *destrozados* nos sentíamos!» Por supuesto. ¡Sus espíritus habían estado completamente exhaustos, tratando de encontrar y nutrir a todos aquellos hace tiempo olvidados amantes!

¿No sabéis que vuestros cuerpos son miembros de Cristo? ¿Quitaré, pues, los miembros de Cristo y los haré miembros de una ramera? De ningún modo. ¿O no sabéis que el que se une a una ramera, *es un cuerpo con ella*? Porque dice: «LOS DOS SERÁN UNA SOLA CARNE». Pero el que se une al Señor, un espíritu es con Él.

Huid de la fornicación. Cualquier otro pecado que el hombre cometa, está fuera del cuerpo; mas el que fornica, contra su propio cuerpo peca.

¿O ignoráis que vuestro cuerpo es templo del Espíritu Santo, el cual está en vosotros, el cual tenéis de Dios, y que no sois vuestros?

Porque habéis sido comprados por precio; glorificad, pues, a Dios en vuestro cuerpo o en vuestro espíritu, los cuales son de Dios (1 Corintios 6.15-20).

Debido a que los dos son una sola carne, los que ministramos debemos ser cuidadosos al separarlos. Tenemos la autoridad en Cristo para hacerlo: «De cierto os digo que todo lo que atéis en la tierra, será atado en el cielo; y todo lo que desatéis en la tierra, será desatado en el cielo» (Mateo 18.18). Si no procedemos a liberarlos, los adúlteros serán atraídos subconscientemente el uno al otro, día y noche, sin alivio, quizás sin saber nunca por qué. No serán capaces de comprender, cuando renuncien a la relación y sientan el deseo de liberarse, por qué siguen impulsados a regresar, como si un imán invisible atrajera sus pensamientos y sentimientos nuevamente. Esto puede convencerlos una vez más de que realmente se aman y que nunca deben romper esa relación. Muchos caen nuevamente en viejas relaciones de adulterio por causa de esto. Verdaderamente el pueblo de Dios «perece por falta de conocimiento».

La tercera lección de sanidad es que los que ministren deben tratar de que las raíces de la disfunción entre el esposo y la esposa sean crucificadas, que verdaderas formas de unión se liberen y que la pareja se entrene para que pueda expresar esa nueva unión. Si los consejeros no «golpean el hierro mientras está caliente» para sacar las raíces de años atrás y que mueran, la pareja, tarde o temprano, perderá su redescubierta capacidad de comunicación. Y a menos que se sientan amados por el Señor (con el amor de Cristo a través del consejero y de la comunidad cristiana) hacia la capacidad de estar verdaderamente unidos, la gloria que Dios desea darle a su relación seguramente desaparecerá.

Cómo llevar a morir lo que se necesita que muera y llevar a la vida el modo de la unión cristiana no es el propósito de este libro. Esto requeriría dos libros completos. Basta decir que poner el hacha a las raíces es un prerrequisito absoluto si el hombre y su esposa desean alcanzar la plenitud de la bendición que es la única manera de prevenir recaídas y mantenerlos a salvo de una futura tentación. Un buen consejero mantendrá a la pareja en la tarea hasta que el Señor termine su completa sanidad y transformación.

Por último, *debe haber sanidad en relación a su familia completa y al Cuerpo de Cristo local en donde cada uno de los participantes es miembro.* Dejo a la sabiduría de los ancianos decidir cuánto necesita ser abiertamente discutida y dónde cada situación. Existen muchas variables en cada caso como para fijar las acciones específicas que deben tomarse. A veces, las cosas solamente necesitan ser tratadas en privado, solamente entre los ancianos y los participantes. Sabemos de un caso en el que un anciano de la iglesia vino y confesó su pecado de adulterio a los otros ancianos. Ellos administraron plena y adecuadamente la disciplina que el caso requería. Sin embargo, él sintió que debería confesar su pecado a toda la iglesia durante el servicio del domingo por la mañana. Los ancianos sabían que este tipo de confesión es innecesaria y que solamente lastimaría a los nuevos cristianos. Le prohibieron que lo hiciese, ¡y casi tuvieron que pelearse para mantenerlo callado! A veces *es* necesaria una confesión pública, por ejemplo cuando ya circulan por la iglesia chismes acerca de ese pecado. Una confesión de este tipo puede traer sanidad. Pero cada caso debe ser calculado por sus propias condiciones. *El único principio que sugeriremos es que las decisiones sobre cuáles acciones son las apropiadas no deben ser dejadas jamás en las manos de un solo hombre o mujer.* Ninguna persona posee toda la sabiduría necesaria para tal decisión y todo ese peso no debe ser puesto sobre los hombros de una sola persona. Tampoco debe cargar uno solo con la desaprobación de quienes pueden reaccionar o rebelarse en contra de las decisiones. «Cuando no hay consulta, los planes fracasan; el éxito depende de los muchos consejeros» (Proverbios 15.22, VP).

LA RESTITUCIÓN

Se debe tomar en cuenta otro aspecto: *la restitución*. Hoy en día casi nadie conoce nada acerca de este principio bíblico. Muchos creen que la necesidad de la restitución murió cuando Jesús pagó en la cruz el precio de nuestros pecados. Pero no es una simple práctica del Antiguo Testamento no requerida más por el Cristianismo. *La restitución es un acto necesario para la restauración de los corazones amantes en las relaciones.*

Por ejemplo, si le presto a mi vecino la cortadora de césped y se rompe mientras la usa, y luego la devuelve *sin repararla* y me pide que lo perdone, yo debo perdonarlo, pero parte de la confianza en la cual se ha edificado nuestra relación se quebró. Seguiré siendo su amigo, pero ya no le tendré tanta confianza nuevamente con algo que sea mío. Sa ha deslizado una tensión en nuestra relación. Si él repara mi cortadora, la devuelve y me pide perdón, eso sería mejor. Pero mi cortadora posee ahora menos valor que antes de romperse. Aún falta algo. Mi corazón lo siente así y mi espíritu frena la relación con mi amigo. Pero si él repara mi cortadora, pide perdón y me trae de regalo una nueva cortadora de setos, me sentiré más que compensado por el daño, ¡mi corazón estará más abierto hacia mi hermano! ¡Puedo prestarle cualquier cosa que yo posea y cuando la necesite! Ese esfuerzo extra demuestra que está preocupado por mi y que desea mantener mi confianza y mi amor hacia él.

Éxodo 22.14 dice: «Si alguien pide prestado un animal de algún amigo suyo, y el animal sufre algún daño, o muere, no estando presente su dueño, el que lo pidió prestado deberá restituirlo» (NVI). El versículo 1 del mismo capítulo establece las reglas de cómo un ladrón debe restituir cinco bueyes por uno, o cuatro ovejas por una. Zaqueo, sabiendo que la ley acerca del fraude requiere que restituya la totalidad y agregue una quinta parte más (véase Levítico 6.1-5), ¡manifestó a nuestro Señor Jesús que repondría *cuatro* veces (véase Lucas 19.8) la misma cantidad que se requería para la restitución de una oveja perdida! En efecto, estaba diciendole al Señor: «Yo sé que aquellos a quienes siento que he defraudado son tus ovejas amadas. Por lo tanto, es mi voluntad por amor hacia ti restituirles como si hubiese lastimado a tus ovejas. Te amo mucho y te honro así». Él *sabía* que Jesús era el Buen Pastor. Aquí vemos un acto de restitución en el Nuevo Testamento, no denegado sino honrado por Jesús, quien respondió diciendo: «Hoy ha venido la salvación a esta casa» (Lucas 19.9).

Aquellos que cayeron en adulterio y están sinceramente arrepentidos, las autoridades de su iglesia deben ayudarlos para conseguir alguna forma de restitución que todos los involucrados consideren adecuado para restaurar la confianza dentro de la hermandad de la iglesia. Las autoridades pueden asignar por un tiempo algunas tareas de servicio, tales como la limpieza de los baños o hacer tareas de conserje, o requerir que el ofensor esté presente en consejería (de casos parecidos, de ser posible) con la autorización de los aconsejados. ¡Nada nos hace más conscientes de lo horrendo de los pecados que estar sentado como un consejero tratando de reparar los daños! Otra posibilidad podría ser que el adúltero sirva una cantidad de horas en uno de los ministerios de la iglesia, tal como el de los presos en la cárcel o de alcohólicos en los barrios marginales.

Una persona o un grupo debe ser asignado para que verifique si se están realizando las acciones de restitución y para que observe e informe acerca de la actitud con que se están realizando. Además, qué aspecto positivo está resultando de ese proceso.

Un esposo caído y restaurado debe asignarse a sí mismo alguna serie de pequeñas pero tiernas acciones para ganar nuevamente la confianza de su esposa. Claro que lo mismo puede decirse de una esposa. No hay nada de malo que hable con el cónyuge y decidan juntos qué será lo mejor para la sanidad y restauración. Sea o no que la restitución se convierta en un proyecto conjunto, el cónyuge y toda la familia deben ser cuidadosos por temor a caer en una de dos trampas. Por un lado, el cónyuge o la familia pueden ser tentados a exigir una completa venganza, demandando que el pecador «pague hasta el último centavo». Por el otro lado, los cristianos tienden comúnmente a ser demasiado suaves entre sí. No basta con que se confiese y se pida perdón simplemente. Un hombre o una mujer sabia buscarán el consejo del pastor y de los ancianos respecto a lo que creen que debe ser suficiente para restaurar el daño que han hecho. La restitución deberá ser lo suficientemente dura para escribir una lección en el corazón del pecador que asegure la reconstrucción de la confianza en el resto de la familia.

Si el pecado no es de conocimiento público, pueden asignarse tareas discretas, cuya ejecución convenza a los ancianos de que hay un pecador sinceramente arrepentido e íntegramente restaurado.

Algunas preguntas como cierre

Si el adulterio espiritual es tan común y corriente, ¿cómo puede servir al Señor cualquier pastor o consejero sin entrar en él? ¡La respuesta es que es casi imposible! *No* estoy diciendo que todo siervo del Señor debe decidir dejar entrar el adulterio espiritual en su vida! Pero existe una enorme diferencia entre la consejería cristiana y la secular. Los consejeros seculares están entrenados para ser indiferentes. A todos nos es familiar la escena de un paciente reclinado en un sofá, su analista o siquiatra sentado detrás de él garabateando notas en una agenda, su timbre de alarma ajustado a «una hora de cincuenta minutos» de atención profesional; el verdadero cuadro de la indiferencia. Por otro lado, la consejería cristiana se *involucra*. Nuestro amante Señor ministra a través de nosotros mientras nos encontramos con otros. Estamos en un riesgo. Pero el Señor pone su confianza en nuestra capacidad de involucrarnos de una manera correcta y que brinde sanidad espiritual.

Pero aquellos que vienen por ayuda quizás no sean capaces de mantener puros sus corazones respecto a nosotros. Muchas veces me siento y escucho a alguna mujer vaciar su corazón. Sé que la comprensión y la compasión que recibe de mí es lo que siempre quiso recibir de su marido, quien parece incapaz de brindarla. Sé cómo esto puede seducirla hacia mí en el reino de sus sentimientos. Puedo sentir cuando comienza a deslizarse en adoración hacia mi. No podemos evitar del todo que se produzca este tipo de ilusión. Los aconsejados y parroquianos *pueden* enamorarse de nosotros. Es nuestra tarea comprender e identificar estos sentimientos y no confundirnos ni ofendernos por ellos. Además, debemos mantener una línea correcta y hablar sobre los mismos cuando se haga necesario y apropiado para la sanidad del que estamos aconsejando.

«Sin bueyes, el granero está vacío, mas por la fuerza del buey hay abundancia de pan» (Proverbios 14.4). La consejería es un negocio confuso, más que el trabajo de un pastor. Sin embargo no necesita convertirse en una trampa de engaño. Lloramos por aquellos consejeros que creyeron que las manifestaciones de amor de sus jóvenes consultantes significaban que se habían enamorado realmente de ellos. Una vez más decimos que el conocimiento y la sabiduría protegen y que la falta de conocimiento destruye. *¡Ojalá que todo aquel que ministre se cuide del adulterio espiritual y que aprenda cómo actuar rectamente por el bien de aquellos cuyo bienestar espiritual depende de su sabiduría y rectitud!*

¿Qué debe hacer una esposa que observa que su compañero se está involucrando en una relación de adulterio espiritual? Advertirle. Si no la escucha, advertirle una y otra vez. *Luche por su matrimonio.* Por supuesto, usted no es el motivo principal de la confusión de su compañero, pero será sabio que se pregunte de qué forma dejó vulnerable a su amado. *Vea sus propias fallas en el matrimonio.* Si el problema persiste, encuentre un consejero y busque tratar primeramente las causas básicas de la disfunción. No se disguste y reprenda. ¡No le dé a su amado las municiones que le confirmen que hizo bien en no comunicarse con usted! Permita que sus problemas lo lleven al Señor para que endulce su naturaleza y haga de usted el tipo de compañera que sea la invitación a encontrar descanso y sanidad en el hogar.

¿Qué puede decirles su ser querido a los amigos y vecinos que pregunten qué está pasando? Lo menos posible. Si las personas perspicaces dicen: «Ven aquí. Yo sé que algo está pasando» y usted sabe

que no podrá evitar contestar algo al respecto, dígales simplemente que oren ahora mismo, que ustedes están trabajando en el asunto, que aprecian su preocupación pero que no necesitan saber más. Si el que pregunta es una autoridad dentro de la iglesia, dígale lo que pueda en ese momento y luego comente con su cónyuge que hay una autoridad de la iglesia que está haciendo preguntas, y sugiérale que ambos deben hablar con él. Pueda que reciba una protesta enojada, pero por lo menos ha abierto la puerta para la sanidad.

¿Qué debo hacer si al que veo ir derecho al adulterio espiritual (y quizás a una aventura amorosa) es mi pastor? Primero, ore. Haga guerra contra los poderes de la oscuridad que están tratando de empujarlo más allá de la coquetería hacia el infierno del adulterio. Hable de eso con él. Consiga su promesa que leerá algo informativo como este capítulo, o léale pequeñas partes del mismo. Si no quiere escuchar, tome un amigo, lo mejor será un oficial de la iglesia, y vuelva a conversar. Por último, vaya silenciosamente al que posee la autoridad en la iglesia y hágale saber lo que usted vio y ha hecho. (Si sigue estos pasos, usted obedeció las amonestaciones de las Escrituras en Lucas 17.3 y Mateo 18.15-17.) Si las autoridades no están suficientemente informadas como para ver el peligro, ponga material informativo en las manos de ellos. Luego manténgase quieto y ore fervientemente.

2

La contaminación, las aventuras amorosas y el adulterio

La contaminación en la oficina de consejería

Una mujer vino a mi oficina para recibir consejería. No era precisamente el tipo de mujer que yo considero atractiva. ¡Aunque no fuera determinante mi moralidad en Cristo ni mi fidelidad a Paula estuviera asegurada firmemente, habría forma en que me hubiera interesado en ella sexualmente! Sin embargo, cuando nos reunimos, me sorprendí de los pensamientos inmorales que inundaban mi mente: «Quiero quitarle la ropa a esta mujer, quiero acostarme con esta mujer». Mientras trataba de parecer exteriormente calmado e interesado en lo que estaba diciendo, buscaba frenéticamente respuestas en mi mente: «¿Qué está pasando aquí? ¿Cómo pueden invadir mi mente semejantes pensamientos? Sé que no deseo tener sexo con esta mujer, por lo tanto, ¿por qué tengo pensamientos como estos?» Una idea surgió en mi mente, por lo que le pregunté:

—Desde que usted llegó aquí, ¿tuvo pensamientos lujuriosos respecto a mí?

Afortunadamente, ella era el tipo de mujer que podía escuchar una pregunta así sin ofenderse.

—Sí, pastor —respondió sinceramente—. Los tuve y lo siento mucho.

Debido a mi empatía, sus sentimientos habían entrado en mi corazón. ¡Mi mente los aceptó como propios! En realidad no eran míos sino de ella, pero se expresaban en mí como si fueran míos solamente. Esto es lo que yo llamo una contaminación de empatía.

¿Quién alguna vez no se encontró por primera vez con alguien y sorprendentemente sintió un rechazo y deseó inmediatamente alejarse de esa persona? No podemos sentir externamente nada acerca de esa persona que justifique semejante sentimiento tan fuerte. ¿Por qué semejante reacción? A veces ese individuo dispara recuerdos de alguien que nos lastimó en el pasado. Con mayor frecuencia nada hay en nosotros que cause esos sentimientos; provienen del interior del otro. En cierta ocasión, vino para recibir consejería una persona que nunca antes había visto. ¡Sentí que en mí crecía un fuerte impulso de pegarle en la cara! Ya para ese tiempo había aprendido a usar estas cosas como pistas para la consejería, por lo cual le formulé algunas preguntas. Cuando niño había sido golpeado por su padre y después de ser un adolescente lo habían atacado violentamente muchas veces las pandillas juveniles. Su juicio amargamente enraizado y la expectación de ser tratado violentamente, vinieron sobre mí como si fuesen míos, ¡y mi mente proveyó obligadamente pensamientos y visiones golpeándolo fuertemente! Esto es contaminación. «Mirad bien, no sea que alguno deje de alcanzar la gracia de Dios; que brotando alguna raíz de amargura, os estorbe, y por ella muchos sean *contaminados*» (Hebreos 12.15).

La contaminación de la empatía es la permeabilidad de nuestro espíritu personal por lo que hay en los espíritus de otros, lo cual puede ser peligroso y confuso entre los siervos del Señor dado que nuestra mente a veces traslada lo que encontramos en otros como si fuera propio.

La contaminación de la empatía es común en toda la sociedad. Recientemente, después que Paula y yo terminamos una conferencia en una iglesia, una doctora en pediatría nos hizo llegar su agradecimiento por la enseñanza acerca de la contaminación de la empatía:

¡Al fin comprendo lo que está sucediendo en mi oficina! A veces, cuando hablo con las madres acerca de sus hijos, me siento frustrada, enojada, inquieta y molesta. Pero mi programa no es como para estar inquieta. No tengo una razón para estar enojada; me gusta mi profesión. A veces me siento confusa y temerosa. Pero estoy bien entrenada y confiada en mis aptitudes. No tiene sentido que me sienta de esa manera. ¡Ahora lo entiendo! ¡Estos no eran de ninguna manera mis sentimientos! ¡Era lo que aquellas mujeres sentían acerca de sus frustraciones y temores como madres! Yo tomaba sus sentimientos y mi mente los hacía sentir como propios. Ahora lo veo todo claramente. ¡Es muy simple! ¡Me siento muy aliviada!

Después vino la directora del coro y nos dijo que ella también sintió un gran alivio:

Ustedes me ayudaron a comprender algo que ha estado molestándome por mucho tiempo. Yo *sé* que soy un músico talentoso. Me entrené para controlar mi diafragma y mi respiración y cómo colocar bien los sonidos para cantar correctamente. Soy directora de coro desde hace muchos años, por lo que dentro de mí está el mantener el ritmo y compás precisos. Soy una buena directora. Pero a veces estoy atormentada por los más extraños pensamientos y sentimientos, como «no sé cómo hacer esto» o «¿qué significa este símbolo?», cuando sé perfectamente lo que significan cada nota y símbolo o cómo es la partitura completa. Y a veces, aparentemente sin razón de ninguna especie, me siento tan temblorosa y temerosa dentro de mí que defícilmente me puedo concentrar o mantener el tiempo, y me abandona mi capacidad de respirar, ¡hasta que termino sin aliento como un principiante!

Ahora veo lo que está pasando. La mayoría de los miembros de mi coro no están entrenados. Son simplemente voluntarios. Con frecuencia no saben cómo leer la partitura y están temerosos. Yo sintonizo a mi coro de tal forma que soy una con ellos. ¡Estoy contaminándome con lo que hay en ellos! ¡Qué alivio es saber eso!

Ella explicó que ahora comprendía lo que era tomar carga de acuerdo a la empatía. Con frecuencia sentía las cargas de otros en su corazón, pero no sabía nada de la contaminación de la empatía. Estaba confundida porque los pensamientos y sentimientos de los miembros del coro aparecían dentro de ella como si fueran los suyos propios: «No sé cómo cantar esto». «¿Qué significa esto?» «Tengo miedo». Ella exclamó: «No debo dejar que estas cosas me molesten nunca más. ¡Estoy bien!»

Existen dos clases de contaminación: general y de empatía. Paula y yo escribimos acerca de esto en nuestro libro *Healing the Wounded Spirit*. Cito del capítulo ocho, «Contaminaciones, demonios y deseos mortales», lo siguiente:

¿No hemos tenido acaso ocasiones de estar cerca de alguien que irradia impureza sexual? Las mujeres tienden a darse cuenta más sutilmente que los hombres. Muchas veces la esposa regresa de un encuentro casual y le llena a su esposo los oídos de advertencias acerca «de aquel tipo», lo que generalmente causa el estupor del marido. «¡Eh, recién conociste a ese hombre! ¿Cómo puedes saber todo eso de él? ¿No crees que vas un poquito apresurada y rápida al juzgarlo?» ¡Despues de un tiempo descubre que el sujeto sedujo a la mitad de las mujeres de su oficina! Ella se sintió contaminada en su presencia. Ella sabía. Los esposos sabios aprenden a darle cierta credibilidad a estas percepciones, al menos para evitar que posibles malas hierbas germinen en el jardín. (Lo arriba expresado es un ejemplo de contaminación general).

¿No hemos conocido a algunas personas que inmediatamente nos pusieron en guardia? Recuerdo que escuché a un pastor amigo mío delirando acerca de un maestro proveniente de otro país y que enseñaba en su iglesia. Yo estaba curioso y extrañamente preocupado en mi espíritu. Mi amigo percibió esto e hizo arreglos para que desayunase con él y su compañero de viaje. Me gustó el maestro. Mi espíritu le tuvo confianza. Pero, ¡qué presencia de maldad irradiaba su compañero! Mi espíritu clamaba en mi interior casi audiblemente: «¡Enemigo! ¡Enemigo!» En su presencia me sentí interiormente impuro, perturbado y cauteloso. Lo percibía como un lobo con piel de cordero.

Advertí a mi amigo el pastor. Pero él no me escuchó. El maestro regresó a su casa. Su compañero se quedó, ¡y desgarró la congregación en pedazos! De acuerdo a él, todas las obras de arte y partituras musicales deberían desecharse en todas las casas, a menos que tuvieran el rostro de Jesús. Eran cosas demoníacas. Profería maldiciones sobre la mayor parte de la congregación cuando no se rendía a sus deseos. A las mujeres les dijo que tendrían cáncer uterino si no lo obedecían o si simplemente no estaban de acuerdo con él. Finalmente, la congregación se levantó y lo echó, lamentablemente junto con mi amigo el pastor. Pero peor aún, cerca de un tercio de la congregación, los bebés en Cristo, fueron contaminados por su espíritu y dejados para unirse a él en engaño.

En esta historia vemos cómo opera el don de la percepción de los espíritus sobre la base de la capacidad del nuestro, de percibir lo que hay dentro del otro y de sentir e identificar la contaminación. Podemos poseer este don puramente de Dios, pero crece con la experiencia: «La comida sólida es para los adultos, para los que ya saben juzgar, porque están acostumbrados a distinguir lo bueno y lo malo» (Hebreos 5.14, VP). Sin embargo, lo significativo de esta historia no es enseñar acerca del don de discernimiento, sino del peligro para aquellos cuyos espíritus no son lo suficientemente perspicaces o maduros para advertir el mal. El espíritu del hombre está sencillamente tan infectado y contaminado que se sorprenden a sí mismos pensando de tales maneras y diciendo cosas que de otra forma nunca lo hubieran hecho. (Lo anterior es un ejemplo de la contaminación de la empatía.)

> Vete de delante del hombre necio, porque en él no hallarás labios de ciencia. La ciencia del prudente está en entender su camino; mas la indiscreción de los necios es engaño (Proverbios 14.7,8).

> Porque el necio profiere necedades, y su mente maquina iniquidad; practica la impiedad y habla falsedades contra el Señor; deja con hambre al hambriento, y le niega el agua al sediento. El canalla recurre a artimañas malignas, y trama designios infames; destruye a los pobres con mentiras, aunque el necesitado reclame justicia (Isaías 32.6,7, NVI).

A propósito de esto, en menos de un año el hombre súbitamente contrajo un cáncer intestinal, ¡y murió en seis semanas! Uno piensa en Herodes, que fue comido por los gusanos (Hechos 12.23) y en el mago al cual el Espíritu Santo cegó a través de Pablo en la isla de Salamina (Hechos 13.1-12).

La tragedia en la iglesia de mi amigo fue producto de la contaminación. Así como tenía extraños pensamientos en presencia de las personas, en los primeros ejemplos, estas personas se encontraron pensando en la forma del lobo. No estamos hablando de hechizos hipnóticos ni de técnicas conscientes del control de la mente. Este hombre no se daba cuenta de la fuente demoníaca de la influencia de su espíritu, si bien había aprendido a depender de su capacidad de influir en la gente. Luego volveremos a comentar acerca de los demonios detrás del escenario; por ahora trataremos puramente lo que ema-

na de nuestros propios espíritus personales. Los cristianos inmaduros en esa iglesia carecían de percepción o experiencia o simplemente fueron aplastados. No tuvieron conocimiento de su contaminación. Creyeron que sus pensamientos eran los propios.
(Esto también es contaminación de la empatía.)

Una palabra de prevención debe ser agregada. El pueblo hebreo estaba muy consciente de las contaminaciones, demasiado consciente. El Antiguo Testamento menciona muchas cosas que contaminan, y qué hacer al respecto; no todas se repiten en el Nuevo Testamento, ¡lo cual debiera decirnos algo! Muchos alimentos contaminan (Levítico 11). Dar a luz contamina (Levítico 12). Algunas enfermedades tornan impuras a las personas (Levítico 13). La eyaculación accidental o voluntaria contamina, igual que los períodos menstruales de las mujeres (Levítico 15). La inmoralidad, los ídolos, tocar los cuerpos muertos, cientos de cosas contaminan. Jesús encontró a los fariseos realizando cuatrocientas abluciones por día solamente para lavar las contaminaciones. La palabra «kosher» proviene de esos días de cuidadosos lavamientos y preparativos dispuestos para evitar la contaminación. Simón el fariseo estaba convencido de que Jesús no era un profeta o le hubiera prohibido a la mujer de mala reputación que tocara sus pies para que no lo contaminara (Lucas 7.36-50).

Jesús se oponía a ello al dejar que sus discípulos comiesen con las manos sin lavar y enseñando inmediatamente:

No lo que entra en la boca contamina al hombre; mas lo que sale de la boca, esto contamina al hombre. Entonces, acercándose los discípulos, le dijeron: ¿Sabes que los fariseos se ofendieron cuando oyeron esta palabra? Pero respondiendo Él, dijo: Toda planta que no plantó mi Padre celestial, será desarraigada. Dejadlos; son ciegos guías de ciegos; y si el ciego guiare al ciego, ambos caerán en el hoyo. Respondiendo Pedro, le dijo: Explícanos la parábola. Jesús dijo: ¿También vosotros sois aún sin entendimiento? ¿No entendéis que todo lo que entra en la boca va al vientre y es echado en la letrina? Pero lo que sale de la boca, del corazón sale; y esto contamina al hombre. Porque del corazón salen los malos pensamientos, los homicidios, los adulterios, las fornicaciones, los hurtos, los falsos testimonios, las blasfemias. Estas cosas son las que contaminan al hombre (Mateo 15.11-20).

De una vez por todas Jesús eliminó los temores de la contaminación exterior y los consecuentes rituales de limpieza. Ningún cristiano debe temer la contaminación por las cosas exteriores.
(Lo arriba expuesto se refiere a la contaminación general.)

Pero Él mantuvo advertencias de contaminaciones internas: «del corazón provienen los malos pensamientos, los homicidios, los adulterios, las fornicaciones, los hurtos, los falsos testimonios, las blasfemias. Estas cosas son las que contaminan al hombre». No lo que nos toca externamente es lo que contamina, sino lo que sentimos en nuestro interior y exteriorizamos de manera inmoral o idólatra. (Tomado de *Healing the Wounded Spirit,* pp. 204-206, 208,209.)

Mientras que la mentalidad hebrea de los días del Antiguo Testamento estaba cerca al fanatismo acerca de evitar la contaminación, en nuestros días prácticamente no hay conocimiento de ello, especialmente acerca de la contaminación de la empatía entre los líderes cristianos, pastores, maestros, evalgelistas, etc. Muchos de nosotros esperamos la protección del Señor, asumimos que Él se hace cargo de la contaminación, por lo que no tenemos que preocuparnos al respecto. Pero de hecho tenemos una tarea que cumplir en esa área, y el Señor no dejará que escapemos de ella. Sus advertencias abundan en las Escrituras. He aquí algunas:

El que anda con sabios, sabio será; mas el que se junta con necios será quebrantado (Proverbios 13.20).

No se hagan impuros con ninguna de estas cosas. Con ellas se han hecho impuros los pueblos que yo voy a arrojar de la presencia de ustedes, y también su país quedó impuro; pero yo les pedí cuentas de su maldad y el país arrojó de sí a sus habitantes. Pero ustedes los israelitas, y los extranjeros que viven entre ustedes, pongan en práctica mis leyes y mis decretos, y no cometan ninguno de estos actos infames, pues todas estas infamias las cometieron los que habitaron el país antes que ustedes, y la tierra quedó impura. ¡Que no los arroje de sí el país por hacerlo impuro, tal como arrojó a la gente que lo habitó antes que ustedes! El que cometa cualquiera de estas infamias, será eliminado de entre su pueblo. Por lo tanto, pongan en práctica mi precepto y no caigan en las prácticas infames cometidas antes de ustedes, ni se hagan impuros con ellas. Yo soy el Señor su Dios (Levítico 18.24-30, VP).

Así que, amados, puesto que tenemos tales promesas, limpiémonos de toda contaminación de carne y de espíritu, perfeccionando la santidad en el temor de Dios (2 Corintios 7.1).

Repetidamente, nuestro Señor nos advierte y nos ordena que tomemos nuestra responsabilidad. ¡En el Antiguo y Nuevo Testamentos, el Señor habla 116 veces acerca de la contaminación!

La contaminación ocurre de dos maneras: Por nuestros actos pecaminosos y por la asociación con otros. *En este capítulo tratamos acerca de la contaminación por asociación.*

Conocí a un pastor que daba consejería a una miembro de su congregación, una adorable joven, cuyo padre la había descuidado durante su infancia. Dentro de ella había una tremenda necesidad de consolación y del sostenimiento de un padre. Ni ella ni el pastor percibían los anhelos que claramente emitía el corazón de ella, impulsándolo a sostenerla o por lo menos, a tocarla. Al hablar acerca de sus problemas matrimoniales íntimos, su espiritual atención y comprensión abrieron el corazón de ella para amarlo y apreciarlo. Surgió la gratitud y se unió con el dolor de su corazón por su papito que tenía que haber hecho lo que estaba haciendo este hombre ahora, recibirla. Él buscaba tiempo para atenderla dentro de su ocupado plan diario, algo que su padre nunca había hecho. ¡Ella podía sentir en realidad su compasión abrazándola! ¡Era una sensación tan linda!

Los crecientes sentimientos de ella entraron el en corazón de él. Su mente los adoptó como propios. La experiencia le dijo que ella estaba bastante cerca de experimentar sentimientos de amor hacia su consejero. Él podía manejar esto intelectualmente. Pero lo que no estaba preparado para entender cabalmente eran sus *propios* pensamientos y sentimientos hacia ella. Esto lo perturbaba. ¿Amaba realmente a esa muchacha? Mientras ella hablaba, él examinó sus sentimientos. Definitivamente no eran las usuales expresiones del amor *ágape* que cada pastor o consejero siente cuando ministra. Hurgó en su memoria y encontró que ella no le recordaba a ninguna mujer que lo amara en su niñez. No podía comprender esa atracción. Él había dado consejería a muchachas bonitas antes, pero nunca fue atraído por ellas. Sintió como si deseara poseerla. Su mente le dijo: «Amo a esta joven como si fuera mía». Decidió: «Ella debe ser como una hija para mí». En realidad, su mente había malinterpretado el deseo de *ella* de tener un padre resonando en su corazón, así como su propio deseo de tenerla a ella como una hija.

Al continuar hablando de sus problemas, la intuitiva y sensible comprensión de él por todo lo que ella le estaba comunicando, emocionó su corazón y comenzó a sentir el deseo de casarse con un hombre como él, que armonizara con su espíritu y renovara su corazón. Sus sentimientos se transformaron ahora en los de una esposa hambrienta de que su esposo la conociera y la abrazara en el nivel profundo que el galanteo de este pareciera prometer.

El mensaje que ahora su corazón transmitía hacia su pastor era: «Ámame como un esposo». Ella no estaba tratando de seducirlo. Si hubiera una seducción abierta, el pastor, que era un hombre verdaderamente recto, la hubiera sentido e inmediatamente confrontaría la situación. Pero no tenía idea de que algo desde su interior pudiera influir su propio mundo de pensamientos. La inusualmente fuerte espiritualidad entre ellos facilitó naturalmente que él pudiera leer las emociones y pensamientos de ella. En este sentido, él era consciente que la presencia de ella lo afectaba mucho. Había sido fácil detectar cualquier emoción inconveniente que él sintiera por ella y dársela al Señor y encontrar libertad. ¡Lo que lo molestaba eran los pensamientos que permanecían en su mente diciéndole que estaba comenzando a amar a esa mujer como a una esposa! Cuando unió esto con los sentimientos y pensamientos anteriores de posesión, sintió un sudor frío. ¡Definitivamente esta mujer se estaba acercando a él! ¿Cómo?

El misterio se resuelve cuando sabemos cómo actúa la contaminación. El pastor no quería realmente casarse con su aconsejada, ni ella con él. Pero la necesidad que tenía de que su esposo la tomara en su corazón y fuera un refugio para sus emociones, habló a la naturaleza de la empatía del pastor. La mente de él interpretó esas necesidades como si fuesen sus propios pensamientos y sentimientos hacia ella. La contaminación le estaba robando su objetividad en las sesiones de consejería.

El hecho que se presta a mayor confusión acerca de la contaminación de la empatía es que no siempre ocurre con cada persona que busca consejería. Si ocurre, podemos tomar en cuenta el suceso y reconocerlo fácilmente. Pero no siempre la empatía es contaminada. Los sentimientos y pensamientos de los que buscan consejos no siempre se levantan dentro de nuestras mentes en cada sesión de consejería como si fuesen los nuestros propios. Nosotros percibimos y sentimos lo que hay en el otro y lo identificamos apropiadamente como de él (o de ella). En esto no hay contaminación. La espiritualidad nos capacita para percibir lo que hay en el otro y el Espíritu Santo nos ayuda a clasificar correctamente esos sentimientos. La empatía es una gran herramienta para ministrar. Con ella podemos saber lo que existe en el corazón de nuestros aconsejados y podemos dirigir nuestras preguntas rápidamente a lo que en realidad les está procupando. La empatía es uno de los mejores canales mediante el cual los dones del conocimiento y la percepción obran dentro de nosotros.

¿Quién puede decir por qué a veces se torna contaminante y se traslada a nuestras mentes como si fuese propio? Después de treinta años de consejería, aún no puedo determinar por qué la empatía se contamina solamente con algunas de las personas que aconsejo, aunque aprendí a reconocer esta situación y que no me tomen por tonto. *Mi sospecha es que Satanás, que desea seducirnos, espera hasta que cree que ha llegado la persona indicada, entonces comienza a bloquear el sentido común y el juicio lo suficiente como para que no nos percatemos de que estamos yendo a la carne. Entonces transforma la empatía en contaminación para que nuestras mentes lean lo que sentimos como propio.* Por muchos años di consejería antes que viniera esa mujer cuya lujuria se tornó como algo propio. Nunca antes había experimentado este tipo de cosas. Quizás Satanás erró el cálculo. Al desconocer mi aversión por ese tipo de mujer, quizás pensó que podía tentarme sexualmente, cuando tocara ligeramente su mano, así que me percaté de su juego.

Algunos simplemente sienten cierta inclinación por sus consultantes, sin la complicación adicional de la contaminación de la empatía. Algunos se preguntan cómo pueden identificarlo. Me referiré a eso luego. Por ahora, lo que lo hace muy engañoso es que la empatía no siempre se contamina. El pastor de nuestra historia nunca antes había sentido tales sentimientos y pensamientos dentro de él hacia un consultante. Nunca antes le había sucedido eso y no tenía conocimiento al respecto.

Reconociendo su vulnerabilidad, la refirió a otro consejero. Trató de protegerla de posibles sentimientos de rechazo diciéndole que ella necesitaba hablar con alguien que tuviese más experiencia. Ella se dió cuenta de la excusa y se fué, ¡herida porque «papito» la había rechazado nuevamente! Es triste decirlo, pero él no necesitaba cortar su ministración. En realidad hacía un gran progreso al sanar su corazón herido profundamente. Pero sin conocimiento acerca de la contaminación, una intolerable carga de contención crecería dentro de él al desarrollarse su relación con la profundidad que requería su curación. Los que fueron heridos por el rechazo de un padre o de ambos, necesitan mucho más que ser capacitados para perdonar. Pueden sanarse solamente si perciben que alguien en el presente los ama verdaderamente (y seguramente) y no sexualmente como pareja, sino como padres que cuidan de él para sanarlo. Como el pastor no comprendió sus sentimientos y no los pudo manejar correctamente, fue sabio que terminara con esta relación de consejería.

Con conocimiento acerca de la contaminación los temores a su corazón desaparecerían. Durante la sesión, sentiría que sus pensamientos y sentimientos no eran probablemente los suyos, pero después, en los momentos posteriores de fría meditación, podría aislarlos claramente y ver lo que realmente eran: mera identificación a través de la empatía. Un poco de sabiduría lo hubiera capacitado para invitar a su esposa o a otro compañero de ministerio a que le acompañara según profundizara en la relación hasta llegar al tipo de amor cristiano que hubiera sanado completamente el corazón de ella.

Desgraciadamente, muchos siervos no son tan rectos y sabios. Paula y yo aconsejamos a cientos de personas que nos han contado historias de horror acerca de «consejeros cristianos» ¡que caían en pecados sexuales mientras les ministraban! Muchos de ellos eran simplemente personas lujuriosas sin un verdadero llamamiento a la consejería. Algunos intentaron utilizar su posición de consejeros para seducir a las personas que estaban debilitadas por sus problemas. «Cristianos» como esos utilizan la contaminación de la empatía como ayuda para seducir a sus víctimas (aunque conscientemente tengan poco conocimiento de lo que significa, pero aprenden simplemente a utilizar su poder para vencer a otros). Sin embargo, debemos recordar que este libro no fue escrito para los que pecan a propósito, sino para aquellos con buenas intenciones que son superados por sí mismos, en este caso, por la lujuria de otros. Estos siervos, desconocedores de la contaminación, y quizás por el momento reacios o incapaces de mantener las normas morales de Dios, creen que los sentimientos y pensamientos de amor en las sesiones de consejería son propios. ¡Mentira! Ninguno de sus sentimientos de amor fueron verdaderos. El verdadero amor en el Espíritu Santo manifestaría la pura compasión de nuestro Señor y respetaría la santidad de la personalidad del otro.

¡Incontables ministerios cristianos fueron derribados por las aventuras amorosas y sus consecuentes adulterios que comenzaron simplemente como contaminación!

Cuando a los que carecen de la rectitud y sabiduría del pastor antes mencionado se unen la contaminación y el adulterio espiritual, el resultado es casi siempre una aventura amorosa. La contaminación y el adulterio espiritual actúan generalmente en forma doble y se enganchan en temas no resueltos en el corazón del consultante o del consejero o de ambos. Entonces las necesidades incumplidas claman por ser satisfechas. La dinámica resultante de esa relación se torna cada día más confusa y devastadoramente apremiante. Si estos factores se encuentras con una disfunción en la relación matrimonial de uno o de los dos, entran en escena conductas compulsivas. Las personas involucradas *deben* verse entre ellos. Ellos comienzan a tramar razones para encontrarse fuera de la oficina de consejería. Al principio, esto parece bastante inocente para los dos y aun para los demás. Pero después de un tiempo no pueden resisitir más a los naturales apremios y caen en el adulterio físico. Su historia entonces no es diferente a la descrita en el primer capítulo. La única diferencia es que, debido a que ellos creyeron los sentimientos y pensamientos ilusorios engendrados por la contaminación, estarán obstinadamente más seguros de que están «realmente enamorados». Por consiguiente, tendrán menos probabilidades de tener un verdadero arrepentimiento y estarán menos aptos para regresar a sus compañeros.

CONTAMINACIONES ESPIRITUALES

Una mujer nos visitó, quejándose de que se sentía contaminada cada vez que su marido hacía el amor con ella. Mientras estudiábamos su historia para encontrar qué pudo causar estos sentimientos y le enseñábamos positivamente acerca de la santidad del amor matrimonial, descubrió que, aunque habían tenido seis hijos y hacían el amor regularmente, ¡todo ese tiempo él había sido un homosexual no declarado! Durante su vida matrimonial, llevaba a jovencitos a su cabaña en el lago mezclándose en toda clase de vulgares comportamientos sexuales. ¡No era para asombrarse entonces que ella se sintiera contaminada al compartir el lecho matrimonial! Él era un vaso impuro. Ser uno con él significaba que cada vez que estuviera involucrado en una actividad sexual vulgar, ella lo sintiera en su interior. Se sintió contaminada aunque no participara con él, pero era verdaderamente repugnantemente cuando la impureza de él se unía a ella durante el acto sexual matrimonial.

Yo llamo a esto una contaminación espiritual porque solamente en su espíritu ella pudo sentir, a través del espacio, lo que él estaba haciendo. No hay nada místico o síquico en esto. «De manera que si un miembro padece, todos los miembros se duelen con él, y si un miembro recibe honra, todos los miembros con él se gozan» (1 Corintios 12.26). Nuestra comunidad significa que estamos tan entretejidos unos con otros que lo que le sucede a uno afecta a todos. Cuando Acán robó los objetos dedicados (véase Josué 7), nadie se dió cuenta. Pero el pecado actuó de tal forma en la conciencia de la gente que en la batalla del día siguiente su confianza se quebró y huyeron vencidos. Cuando Zimri y Cozbi cayeron en adulterio, Israel fue afligido *inmediatamente* por una plaga que mató a 24.000 (véase Números 25) *¡Lo que somos o hacemos bendice a otros o los contamina!*

La contaminación y la bendición ocurren, ya sea que creamos o no que ocurran; las necesitamos, las rechazamos o las elegimos. La bendición y la contaminación son las realidades de nuestra existencia. C.S. Lewis dijo: «Lo que hacemos o no hacemos tiene consecuencias eternas». No podemos cambiar esas realidades, pero ellas nos cambiarán a nosotros.

El significado de esto es doble: por una parte, cada persona es única en la forma en que ella nos afecta con la bendición y contaminación que de ella proviene. Recuerdo haber dado consejería a una mujer terriblemente obesa y que adicionalmente llevaba la carga de ser bastante fea. Sin embargo, irradiaba una extremadamente poderosa y seductora contaminación. Así y todo, ¡confesó un encuentro sexual tras otro! ¡Ningún hombre en su sano juicio desearía ir a la cama con ella! Su poder de seducción estaba en la fuerza de su contaminación. Aún si adjudicáramos su poder a influencias demoníacas, algunos demonios tendrían que trabajar duramente a través del canal de la contaminación humana.

Un siervo del Señor puede estar a salvo de la contaminación de la mayoría de las personas cuando es una persona recta y cuando conoce y se prepara en contra de la contaminación. Sin embargo, un individuo puede llegar donde él tan cargado del poder de la contaminación espiritual que tendrá que hacer todo lo que pueda para evitar que esta le derrote. Varias veces se han activado los timbres de alarma de mi espíritu cuando me dispongo a aconsejar a alguien. Aun con la advertencia, empleo todo mi conocimiento y experiencia junto a la gracia del Señor para ministrarle a esa persona, sin que me atraigan extraños pensamientos y sentimientos que me conduzcan a intuiciones y decisiones incorrectas.

Cualquier siervo del Señor que haya ministrado por mucho tiempo reconocerá que muy frecuentemente la presencia demoníaca está involucrada en este tipo de conflicto. Los novatos e ignorantes pueden ser barridos por la contaminación espiritual hacia sentimientos y pensamientos adúlteros, incluso a aventuras amorosas y adulterios. Nuestra sugerencia es que los principiantes trabajen con obreros más maduros en el Reino. O, si esto no es posible, que ellos se aseguren que existen amigos y seres amados (a los cuales ellos están sujetos), que puedan chequearlos regularmente. Los principiantes deben proponerse ellos mismos escuchar las advertencias de los cristianos más sabios y experimentados.

Satanás viene disfrazado como «ángel de luz» (2 Corintios 11.14). Personas que exteriormente parecen sanas pueden tener en su interior sucios torrentes de contaminación. Una vez que comenzamos a ministrarles, nuestro deseo de sanarlos puede cegarnos de tal forma que no vemos lo que se introduce en nosotros a través de la contaminación. Por lo tanto, damos el mismo consejo a los siervos con mayor tiempo de práctica que a los novatos: Presten atención a las advertencias. Permanezcan cerca de amigos íntimos. Permítanles que conozcan lo está sucediendo en su corazón. Cuando le adviertan que usted no está seguro, corte lo que sea, o traiga a un compañero con usted a su ministerio. ¡Nuestro Señor envió a sus discípulos de en dos por un buen motivo!

Una amiga nuestra comenzó a ministrar a una lesbiana con la esperanza de tener éxito donde muchos habían fracasado. Esta mujer había ido de persona en persona, de sanador en sanador, de un consejero a otro, aparentemente (aun hacia ella misma) buscando el remedio para volver a la sexualidad normal. Nada le había ayudado. Finalmente, se acostumbró a recibir tanto amor por sus problemas que inconscientemente no tenía deseos de sanarse. Mientras tanto, desarrolló un extremadamente poderoso «campo» de contaminación.

Nuestra amiga sintió enseguida su corazón perturbado. Le era casi imposible rechazar el impulso de tocar y abrazar a esta herida criatura. Entonces razonó: «¿Por qué no?» Ella era de más edad que la lesbiana y sus deseos de tocarla aparentemente no eran diferentes de los abrazos que normalmente deseaba dar a otras mujeres heridas. Sin percatarse que el deseo de la lesbiana de que la tocara y la abrazara había sido transformado por su mente como un deseo propio, adjudicó su inusual fuerza a una mayor profundidad de la necesidad de esta persona y por consecuencia ella debía sentir un amor más profundo. Nunca antes había tenido sentimientos de lesbiana y estaba segura que era una cristiana madura y práctica que con seguridad reconocería las insinuaciones de una lesbiana y de ninguna forma respondería a ellas. Por lo tanto, los fuertes deseos de abrazarla y consolarla no le llamaron la atención ni la asustaron. Estaba acostumbrada a tales sentimientos. Pero ella no sabía nada acerca de la naturaleza seductora y del poder de la contaminación espiritual. Cuanto más ministraba a aquella mujer, más se inclinaba su corazón hacia ella. Ansiaba que se sanara y fuera feliz. Mientras más íntima se hizo la relación, más deseaba la lesbiana tener relaciones sexuales con ella. Nuestra amiga no tenía idea que los sentimientos de otros pueden ser interpretados por su mente como propios. Por consiguiente, estaba desarmada cuando comenzó a reconocer claramente en ella misma sentimientos sexuales hacia su aconsejada. Esperaba y estaba preparada para manejar sentimientos de la aconsejada hacia ella. Pero no esperaba lo contrario. Pensó que estos sentimientos eran propios. Cuando comenzaron a ser cada vez más fuertes, ¡comenzó a pensar que quizás siempre los tuvo y que esa mujer simplemente vino y los despertó!

Las relaciones sexuales con su marido comenzaron a desvanecerse debido mayormente a su fatiga y a la consiguiente interrupción de su capacidad de comunicación. Comenzó a conectar el deterioro de su relación matrimonial con el crecimiento de sus nuevos deseos y pensó: «Naturalmente. Al descubrir quién soy realmente, comenzaron a frenarse los deseos de relaciones sexuales con él».

¡Por último, intentó tener relaciones sexuales con su amiga y las encontró muy placenteras! En ese momento, la contaminación y el poder de la fortaleza del lesbianismo se apoderaron tan fuertemente de su mente que no tuvo la libertad de darse cuenta que había sido claramente insatisfactorio, solo algo sorprendentemente placentero. La fortaleza le impidió observar lo hueco y vacío que se sintió su espíritu. Bajo el impacto de la contaminación, ella no pudo recordar el sentimiento satisfactorio de consumación y santa unión que tantas veces sintió con su esposo. El placer del toque femenino, ayudado por la fortaleza del lesbianismo y sus engaños, ¡la convenció de que al fin encontró lo que era bueno para ella!

Su entrenamiento cristiano le sermoneaba que estaba cometiendo adulterio, pero los poderes de las tinieblas alimentaron ahora su mente con todos los pensamientos y sentimientos engañosos usuales. «¿Cómo algo que es tan placentero puede ser malo?» Y, «si es bueno *a* ti, debe ser bueno *para* ti». Entonces Satanás quitó los ataques sobre su salud física (ella había sufrido de algunas molestias físicas que no respondían a los tratamientos médicos). Satanás quería que ella se sintiese vibrante y saludable para agregar aun más confusión a su ya contaminada mente. «¿Cómo puedo sentirme tan saludable como hace tiempo no me sentía, si estoy en algo verdaderamente incorrecto? ¡Mi salud se recobró tan bien que debe ser una señal de que lo que estoy haciendo está correcto!» Luego Satanás quitó todos los espíritus de opresión y conflictos. Se sintió aliviada y libre. «No podría sentirme de esta manera si esta relación fuera mala».

Satanás utilizó ambos filos de la espada de la contaminación. Primero, puede seducirnos como sedujo a nuestra amiga a través de su aconsejada. Y segundo, cuando el anzuelo está clavado, nos puede arrastrar cuando quita la opresión de su contaminación con la cual cada cristiano lucha diariamente. ¡Así nuestras sensaciones de bienestar nos convencen de que estamos en la buena senda! Años atrás caí engañado por un tiempo. En el momento en que mi mente estuvo de acuerdo con esa falsa idea, Satanás quitó inmediatamente sus ataques sobre mí. ¡Concluí que el alivio que experimentaba era debido a que «la revelación» encontrada era la correcta! Lo mismo le estaba pasando ahora a nuestra amiga.

Los amigos trataron de advertirle, sin resultado. No los escuchaba. Ellos se habían convertido en «¡fríos e insensibles, que carecen del cuidado que deben tener como cristianos!» Ahora ella les iba a enseñar. No iba a abandonar a esta muchacha como todos los demás habían hecho. Finalmente, varios meses después, hizo caso a las advertencias sobre el lesbianismo, se arrepintió de su error y recibió el perdón. Pero continuó tratando de ministrarle, ¡incapaz de ver cómo era atraída en tantas otras formas de su anterior sabiduría a pensamientos y caminos tontos!

Esto me lleva a mi segundo punto acerca de las bendiciones o contaminaciones y que estas nos transformarán. Por una parte, nosotros luchamos contra la contaminación por *individuos*. Por otra parte, estamos acosados por la *contaminación espiritual colectiva* de nuestra Iglesia, ciudad, estado, nación y del mundo. Nuestra amiga no fue contaminada solamente por la lesbiana individualmente, ¡sino que fue vencida por la contaminación espiritual colectiva de la centenaria fortaleza del lesbianismo! En estos tiempos el mundo entero esta inundado por las fortalezas de la contaminación sexual a través de la televisión, las películas, novelas, revistas pornográficas, etc., ¡dan náuseas! A veces pienso en la profecía de Apocalipsis 12.15, en donde la serpiente iba a arrojar «de su boca, tras la mujer, agua como un río, para que fuese arrastrada por el río». ¡Una segura interpretación del Niágara de suciedad que él ha arrojado de su boca para inundar la Iglesia en una corriente de contaminaciones sexuales!

¡Cada pensamiento o acción de cada uno de nosotros agrega o quita la carga de contaminación que pesa sobre todos nosotros! Esto significa que cada servicio de la Iglesia y cada reunión de oración es un acto de guerra espiritual que quita algo de la contaminación de nuestra era. Pero también significa que no hay un pecado privado, no importa lo secreto que sea. Cada pecado se suma a la epidemia que aflige en la actualidad a la Iglesia y a toda la humanidad.

En Génesis 20 observamos que Abraham le dijo una media mentira a Abimelec. Temeroso de que lo mataran por la belleza de Sara, dijo que era su hermana. Verdaderamente, ella era su medio hermana. Pero no dijo que era su mujer. Cuando Abimelec tomó a Sara en su casa, todas las matrices de su casa se cerraron. «Pero Dios vino a Abimelec en sueño de noche, y le dijo: He aquí, muerto eres a causa de la mujer que has tomado, la cual es casada con marido» (v. 3). Note que ¡este rey pagano tenía suficiente juicio como para saber que su pecado podía destruir a la nación entera! «Mas Abimelec no se había llegado a ella, y dijo: «Señor, ¿matarás también al inocente?» (v. 4). Por «inocente» él quería decir que aún no había tocado a Sara. Entonces Dios le dijo que había evitado que pecase contra Él y que si hablaba con Abrahám, *él* oraría y las matrices de su casa se abrirían de nuevo, y así fue (vv. 6,7 y 17). *Lo que se hace en autoridad, incluso a un pagano, o bendice o aflige a todo su pueblo.*

Consideremos ahora esto: Es un hecho conocido que ciertos presidentes de los Estados Unidos han cometido adulterio mientras estuvieron en la Casa Blanca. (También es cierto que el presidente Lincoln participó de una sesión espiritista en la Casa Blanca, y que el presidente Reagan estaba involucrado en la astrología junto con su mujer.) Agregue a esto los pecados que recientemente se han encontrado en tantos líderes cristianos. ¿Es entonces una coincidencia que esta nación sea golpeada por una plaga de inmoralidad sexual? La contaminación fluye del liderazgo hacia abajo.

Cuando David, a pesar de la resistencia de su comandante Joab, insistió en hacer un censo de su pueblo (1 Crónicas 21), Gad el vidente habló por el Señor diciendo que haría escoger a David entre lo siguiente: tres años de hambre, tres meses de derrota delante de sus enemigos o tres días la espada del Señor matando con pestilencia (v. 12) David escogió lo último y, «¡70.000 hombres de Israel murieron!» (v. 14).

Coré, Datán y Abiram (Números 16) convencieron a 250 líderes descontentos para que mintieran y dijeran que eran sacerdotes. El fuego del cielo quemó los incensarios y la tierra abrió su boca y se tragó a Coré, a Datán, a Abiram y a sus familias. ¡Pero sus acciones contaminaron al pueblo que continuó murmurando contra Moisés! A la mañana siguiente, Dios le dijo a Moisés: «Apartaos de en medio de esta congregación, y los consumiré en un momento» (v. 45). Moisés le ordenó a Aarón tomar su incensario y correr entre Dios y el pueblo, ¡pero antes que la plaga se detuviera, 14.700 murieron!

Si la mera intención de pecar, de parte del rey Abimelec, produjo el mal de todas las matrices de su casa, ¡cuáles mayores calamidades descenderán ahora sobre Norteamérica por los actuales pecados de sus líderes!

No deseo culpar a ningún presidente ni líder cristiano. Más bien, deseo que todos tengamos en cuenta el poder de la contaminación espiritual colectiva y de las formas en que puede actuar. Cada uno de nosotros es responsable de resistir y vencer cualquier contaminación que pueda provenir del liderazgo. *¡Dios está llamando a todos los cristianos que son conocedores de estas cosas para que comprendan plenamente su colectividad e intercedan poderosamente al arrepentimiento!*

Yo creo que la restauración de la verdadera alabanza colectiva en estos días se debe en parte a que Dios sabe el poder intercesor de la alabanza para borrar la contaminación y bendecir a la humanidad y al país.

Contaminaciones teológicas por engaño

Un ejemplo de la contaminación teológica ya fue discutida en el pasaje de *Healing the Wounded Spirit* anteriormente citado. Pero no puedo cerrar el tema sin prevenirlos acerca de dos engaños particulares que se están difundiendo en la Iglesia actual.

El primero es la contaminación sexual espiritual. ¡Paula y yo hemos ministrado a muchas mujeres que estaban convencidas de que el Señor Jesús venía a ellas y tenía relaciones sexuales con ellas! ¡Un demonio, que se hacía pasar por el Señor mismo, les dijo que como ellas eran ahora la novia de Cristo, uno de los privilegios y goces que poseían por derecho matrimonial era que podía tener relaciones sexuales con él! La experiencia se transformó en algo tan real que esas mujeres tuvieron orgasmos. Ese tipo de demonio se llama «*íncubo*».

Tuvimos que hablar por horas con una mujer que estaba absolutamente convencida de que un íncubo que se hacía pasar por el Señor la amaba como nadie la había amado nunca. Él fue el único que no la abandonó nunca. Siempre estaba allí para consolarla cuando ella lo necesitaba. Creía que él era el único que tenía buenas intenciones con ella y era el mejor amigo que tuvo. Permaneció poco dispuesta a dejarlo ir, aún después que finalmente la convencimos, más que bendecirla ¡él intentaba arrastrarla directamente al infierno!

Una cosa similar le puede pasar a los hombres. Un hombre al cual ministrábamos se despertaba noche tras noche para encontrar que un espíritu así lo había llevado a la plena erección y cerca del climax. Un demonio haciéndose pasar por una amante causó a algunos hombres, totalmente despiertos, que experimentaran una excitación sexual tal que llegaban al clímax, convencidos que estaban teniendo relaciones sexuales con un ser angelical. Este tipo de demonio es llamado «súcubo». En estos casos es apropiada la liberación. Pero la víctima solamente será capaz de resistir futuras incursiones si el consejero localiza la vulnerabilidad original en la vida de esa persona. Si el aconsejado no está dispuesto a *odiar* la forma en la cual el demonio ha utilizado heridas infantiles para contaminarlo, la puerta permanecerá abierta para que regrese. Igual que en el caso de la mujer con la cual tratamos por horas, muchos han sido contaminados de tal manera que su forma de pensar acerca de esa experiencia es una completa confusión. Hacen falta paciencia y largas conversaciones con lógica ¡o el resultado puede ser siete demonios peor que el primero (Lucas 11.26)!

El segundo es un engaño teológico difundido actualmente en el Cuerpo de Cristo. Años atrás, Paula y yo lo veíamos por Norteamérica solamente en ocasiones. Recientemente ha reaparecido, en una forma levemente diferente, pero no obstante es el mismo viejo truco de Satanás.

Esta mentira dice que en el mismo momento cuando Dios creó al hombre, creó a la mujer, la cual es su «compañera del alma» o «compañera espiritual». ¡Esa persona especial *no* es necesariamente nuestra esposa terrenal! El hombre o la mujer que encuentre a su compañero del alma se sentirá «completo y cabal». La unción crecerá grandemente. Las oraciones mutuas (especialmente con imposición de manos) lo regocijarán por encima de toda medida.

El engañado insiste en que esta enseñanza es solamente para aquellos «suficientemente maduros» como para recibirla. Esta es una «fresca y nueva revelación», liberada ahora que el Cuerpo contienen los pocos maduros que *pueden* recibirla. Solamente los realmente maduros pueden encontrar sus compañeros del alma y experimentar una relación tan claramente «espiritual» sin entorpecer su vida matrimonial terrenal.

Obviamente, el plan de Satanás, para contaminar y destruir a los matrimonios, es satisfacer la necesidad de algunos de pensar de sí mismos como especiales y maduros. ¡La mentira es tan «nueva» como el primer adulterio registrado en la Biblia! Paula y yo nos cruzamos con esta mentira al comienzo de los sesenta. Actualmente, una amiga nuestra de una ciudad cercana está toda entusiasmada con esta «nueva y excitante revelación». Sus más íntimos amigos han tratado de hacerle ver que es verdaderamente un engaño, una doctrina de demonios acerca de la cual Pablo profetizó (véase 1 Timoteo 4.1). Su mente ha sido tan contaminada que las advertencias y amonestaciones solamente la convencen de que sus amigos son inmaduros. Obviamente, ha arrojado sus preciosas «perlas» a los cerdos y solamente se puede sentir apenada por sus amigos. Ellos se perderán la gloria que esta enseñanza pudo haber revelado, ¡debido a que ellos son «atrasados y de mente estrecha»! Estamos constantemente orando y confrontando, en un esfuerzo de arrebatarla «del fuego» (Judas 23).

Satanás no tiene trucos nuevos. Aun si esta forma especial de engaño no se extiende mas lejos, el diablo la vestirá con ropas diferentes y la sacará a relucir de nuevo en algún momento y lugar. Él agarra a sus víctimas con la contaminación y las satisface con las debilidades de la carne. Eso lleva directamente al adulterio espiritual y, si no es controlado, a la separación y al divorcio. Separa a sus víctimas de sus antiguas amistades y establece nuevas relaciones con compañeros ¡cuyas orejas y pezuñas están creciendo de la misma forma que las de Pinocho!

Antídotos para la contaminación espiritual colectiva

El primer y más poderoso antídoto para la contaminación espiritual colectiva es lo que hemos mencionado antes, *la adoración colectiva.*

Otros antídotos para la contaminación espiritual incluyen:

- *Grupos de intercesión* formados especialmente para quitar con oración la contaminación que pesa sobre nuestro país. Durante la Edad Media, existían ciertos monasterios especialmente para ese propósito.
- *Teatros, películas, libros, novelas, historias, programas de TV, etc., buenos y sanos.* Cada vez que veo una película como «The Sound of Music», me siento limpio y elevado.
- *Humor sano.* Es terapéutico ver programas de TV como «Himself», de Bill Cosby. Nos hace reir de nosotros mismos. La risa santa rompe con el conjuro de la contaminación.
- *Conciencia política moral.* Ore para que Dios envíe al escenario político a hombres de inconmovibles principios de honradez y que, así como Dios lo ordena, podamos trabajar en organizaciones políticas para que esto suceda (sin mencionar el potencial como testimonio).

Antídotos para la contaminación espiritual individual

1) *Desarrolle prácticas diarias de higiene espiritual.* Paula y yo simplemente oramos cada noche para que Dios nos limpie de todo lo que pudiera haberse adherido a nuestro espíritu, o que pudiera haber entrado y habernos contaminado durante el día. También sostenemos «oraciones relámpago» siempre que sentimos que algo impuro nos toca.

2) *Lea la Palabra.* Vea lo que dice el Salmo 119.9-11:

¿Con qué limpiará el joven su camino?
Con guardar tu palabra.
Con todo mi corazón te he buscado;
No me dejes desvarme de tus mandamientos.
En mi corazón he guardado tus dichos,
Para no pecar contra ti.

Y el Salmo 19.7-9:

La ley de Jehová es perfecta, que restaura el alma;
El testimonio de Jehová es fiel, que hace sabio al sencillo.
Los mandamientos de Jehová son rectos, que alegran el
    corazón;
El mandamiento de Jehová es puro, que alumbra los
    ojos.
El temor de Jehová es limpio, que permanece para siem-
    pre.

3) *Trace actividades alternativas.* Juegue. Haga visitas a su familia tocando temas no espirituales. Dé un paseo. Yo acostumbro a usar cinco o diez minutos con los aconsejados para trabajar en el jardín, metiendo mis manos en la buena tierra. Puedo sentir cómo la tierra me quita la contaminación. Nuestro Señor Jesús iba a las cumbres de las montañas o al desierto a orar, cuando pudo refugiarse más cómodamente en una casa cercana.

4) *Manténgase comunicado y sostenga relaciones sexuales con su cónyuge y prosiga compartiendo abiertamente con otros cerca de usted.* Comunicarse significa más que hablar. Significa encontrarse corazón a corazón y espíritu a espíritu, intercambiando ideas y emociones que le permita sentirse más elevado y renovado. Las relaciones sexuales sanas dejan que cada cónyuge se sienta bien respecto a la vida, renovado en alguna manera y limpio de contaminación.

5) *Respete el Sabat.* La mayoría de los siervos del Señor trabajan muy duro el domingo. Mantenga otro día inviolablemente

como su día de descanso. Cuando asalta la contaminación, es el cansancio el que nubla nuestras facultades de percepción.

6) *Adore. Reciba regularmente el sacramento de la comunión.* Jesús dijo: «Ya vosotros estáis limpios por la palabra que os he hablado» (Juan 15.3). Los buenos sermones limpian. ¡Pero nada lava mejor a nuestros cuerpos y espíritus que recibir el cuerpo y la sangre del Señor!

7) *Esté entre amigos con frecuencia y escúchelos.* Esto va más allá y es diferente a la comunicación que mencioné en el punto número cuatro. Me refiero a practicar juegos, estar en la tierra, reir y bromear, tomarse el pelo, vivir simplemente como un ser humano normal. *Goce la vida.* No la tome demasiado en serio.

8) *Ore antes de cualquier entrevista para que la cruz de Cristo esté firmemente entre usted y su aconsejado, y que la presencia del Señor le salvaguarde de cualquier cosa que suceda en usted.*

9) *Aprenda a distinguir entre sus propias pasiones y aquellas que provengan solamente de la contaminación.* No hay un atajo para aprender; la sabiduría viene por la ruta de la experiencia. Escuche a sus amigos. Analice sus sentimientos. Después de un tiempo comenzará a discernir la contaminación de la empatía por su «peculiaridad». De alguna manera no se «ajusta». No «siente como si fuese usted», como en el ejemplo que relaté al principio del capítulo, o la pediatra y la directora del coro cuyos confusos sentimientos y pensamientos eran tan opuestos a lo que normalmente sentían, o el caso de la mujer poco atractiva y que no obstante irradiaba tal contaminante fascinación sexual. Pero tenga cuidado, a veces la contaminación se prende precisamente porque esta se *siente* como propia.

En estas circunstancias, uno debe crecer en el don del discernimiento. Pero ayudará si usted mantiene una obstinada renuencia a no actuar sin aconsejarse o fuera de los límites de la Palabra de Dios y si posee la humildad de preguntarse constantemente acerca de la fuente y veracidad de sus sentimientos y pensamientos.

Dios no nos dió sensores y mentes infalibles; no podemos llegar siempre a claros discernimientos. En estos tiempos, el tiempo es nuestro aliado y la precipitación nuestro enemigo. Espere. Finalmente llegará la revelación. Ahora, con mucha frecuencia lo logro bastante rápido, por lo que distinguir la contaminación de la empatía se ha transformado en una herramienta útil para llegar más rápidamenmte a lo que está dentro del corazón del otro. Pero aun así sé que es mejor no confiarse demasiado, nuestro Señor nunca dijo que el ministerio de involucrarse en la vida de otros fuera seguro. La contaminación de la empatía en sí no es una tentación. Uno puede ser tentado solamente por su propia lujuria (Véase Santiago 1.14,15). La contaminación se vuelve tentación cuando creemos en sus pensamientos y sentimientos y les agregamos nuestras propias lujurias y pasiones. Para mí, esa comprensión se transformó en una de mis herramientas más afiladas para distinguir lo que era la contaminación. Observé que la contaminación carecía primeramente del «fuego poderoso» de la pasión lujuriosa. Ví que solamente *pensaba* que quería hacer algo, o *sentí* que lo había hecho, *sin la verdadera urgencia que hubiese existido si esos pensamientos y sentimientos hubiesen sido verdaderamente mios.* Después de un poco de práctica se aprende a sentir cuándo los pensamientos y sentimientos provienen del exterior de uno más que del interior, mayormente por la carencia de un «real» compromiso, pero debe recordar que esta distinción se desvanece una vez que usted cree plenamente en esos pensamientos y sentimientos y hace participar a sus propias pasiones en la situación.

Posibles curas

Estas son las mismas que las indicadas en el primer capítulo. Usted debe cuidarse para que sus propias percepciones no se distorsionen por lo que en ellas hay de contaminación. Sea lo suficientemente humilde como para tratar con otros no cercanos a los contaminados, acerca de lo que usted siente que debe hacer. Reconozca que si la contaminación y el adulterio espiritual han actuado en forma doble (y se han clavado en dimensiones no curadas de personas que usted está ministrando) usted está en una guerra espiritual. Entonces busque ayuda. No sea el «llanero solitario». Apoye al grupo de ministerio con guerreros de oración que no estén involucrados directamente en el ministerio. Persevere. Puede ser una larga batalla.

3

El apego, las transferencias, las aventuras amorosas y el adulterio

El apego y las transferencias (tomados juntos) son la tercera razón más común de por qué algunos cristianos cometen adulterio. *El apego* ocurre cuando una persona percibe subconscientemente que puede ser amado con mayor plenitud de vida a través de otra y se ata a ella. *La transferencia* ocurre en consejería cuando el aconsejado, después de formar un vínculo con el consejero, proyecta sobre él una o más relaciones no resueltas y trata de resolverlas. El aconsejado «ama» entonces como si el consejero fuera su padre, madre, hermano, hermana, amigo o amante perdido cualquiera que fuera la causa u objeto de lo que no fue resuelto. Ese amor no es real. Está compuesto primeramente por proyección y después por gratitud.

El apego y las transferencias le ocurren tanto a los no creyentes como a los cristianos. El apego puede ocurrir entre *cualquier tipo* de individuos. Pero *solamente* aquellos que se involucran con suficiente profundidad en una consejería de persona a persona están sujetos a transferencias.

El apego

Cualquier persona, cristiana o no, puede enamorarse locamente o simplemente enamorarse de otra y desear pasar excesivas cantidades de tiempo con ella. El apego es con mayor frecuencia la relación de «una vía», de uno que quiere o necesita algo hacia el otro que se supone lo puede proveer. En estos casos, el «amor» está compuesto mayormente por admiración y esperanza. En ocasiones, el apego ocurre en ambas direcciones. En este caso puede ser llamada *philia* o amor fraternal. La mayoría de los matrimonios comienzan con el apego y generalmente crecen hasta llegar a *eros* (amor sexual y romántico).

El apego se produce por varias razones:

Primero, por la amistad. Conocemos a alguien y sentimos algo en nuestro interior. Inmediatamente o luego de varios encuentros, nuestro espíritu se apega al de la otra persona. «Conocemos en nuestro interior» que queremos más que una simple relación. Si la otra persona responde, nuestro corazón se dispone para una unión íntima. Queremos crear amistades duraderas. David y Jonathan experimentaron este tipo de unión de sus almas. «Aconteció que cuando él hubo acabado de hablar con Saúl, *el alma de Jonatán quedó ligada al alma de David, y lo amó Jonatán como a sí mismo*» (1 Samuel 18.1).

En los tiempos bíblicos, si dos decidían formalizar un vínculo así, hacían lo que conocemos por «pacto de sangre». Se efectuaba una ceremonia en la cual los amigos se herían sus muñecas y las unían con dos anillos de tela entretejida, sangrando completamente los anillos. Posteriormente, ambos conservaban sus anillos como recuerdo de su unión (de donde provienen nuestros modernos anillos de casamiento). Luego una cabra era sacrificada, cortada al medio y extendida, con sus patas apuntando hacia afuera, dejando un espacio para un sendero entre ambas mitades. Los dos amigos se colocaban a cada lado del animal y se prometían amistad. Luego intercambiaban sus lugares, caminando como si trazaran un número ocho entre las partes de la cabra, lo cual ahora significaba una interrelación entre sus corazones y que cada uno estaba comprometido con la bendición y prosperidad del otro. Después, intercambiaban sus mantos e incluían el nombre del otro en el propio, de cuya práctica proviene que las mujeres lleven los apellidos de los esposos (en Inglaterra aún muchos retienen apellidos separados con un guión). Los hermanos del pacto eran ahora responsables por la vida del otro y por la de sus hijos y los hijos de sus hijos. La ceremonia culminaba con la «comida del pacto» en la cual se efectuaba el «pacto de la sal» (Números 18.19) sellando el pacto entre ellos. Ninguna otra relación (salvo la del matrimonio) era considerada tan sagrada como la de hermanos de sangre.

Nuestro Señor realizó el ritual del pacto de sangre con Abram (Génesis 15.12-21) pasando entre el animal dividido (v. 17) para convencerle de su fidelidad. Los pactos de sangre se efectuaban entre iguales; pero Abram no tenía nada para ofrecer a Dios, por lo que Dios actuó solo. ¡El cambio de lugar con Abram fue un prototipo y una promesa del cambio de lugar con nosotros en la cruz con nuestro Señor Jesucristo! Después, el Señor retornó a la ceremonia del pacto, cambiando el nombre de Abram en Abraham (Génesis 17.5), «Abra, "*yah*" por "Jahweh", Am». Así Abra*h*am se transformó en el «amigo de Dios para siempre» (2 Crónicas 20.7) y Dios fue conocido como el «Dios que realiza y cumple los pactos».

¡Vemos entonces que este vínculo puede estar entre las más santas de las relaciones! No obstante, puede permanecer cargado de peligros. Puede conducir al adulterio espiritual con cualquier amigo, masculino o femenino. Se puede dar demasiado tiempo y atención a los amigos que se transforman en lo más cercano y querido por nosotros. En estas íntimas relaciones es muy factible caer en la idolatría. Obviamente, apegarse a personas del sexo opuesto puede tentarnos más allá del adulterio espiritual y llevarnos al acto físico.

Aprendemos solamente por experiencia acerca del equilibrio y la sabiduría, pero a veces esa experiencia está cargada con un innecesario sufrimiento. ¡La ignorancia acerca de este tipo de vínculo y su poder puede exponer a muchos a confusas adicciones, a relaciones desbalanceadas, a dolorosos desórdenes y a múltiples formas de experiencias pecaminosas!

Paula y yo hemos aconsejado a muchos cuyas relaciones comenzaron simplemente como un vínculo designado por Dios para amistad y bendición, pero que evolucionó en malogrados matrimonios y en la pesadilla del adulterio.

El segundo tipo de apego es por estudio.

Durante los años que estudié en la universidad, el hombre más influyente en mi vida fue el rabino Ernest Jacobs, quien huyó de la Alemania nazi y posteriormente fue profesor del Colegio Drury. Bajo su tutela, estudié historias europeas, inglesas y del Antiguo Testamento, un curso sobre los profetas y alemán durante el segundo y tercer año. Mi espíritu «saltaba» cuando me encontraba con él. Estaba pendiente de cada palabra suya, dentro y fuera de clases. Me había apegado a él para beber cada gota de conocimiento que pudiera extraerle.

Lo mismo pasó cuando conocí a Winston Nunes de Canadá. Trataba de estar con él en todo momento. Un viejo y sabio proverbio dice: «Si encuentras a un hombre con sabiduría, deja que tu pie gaste el umbral de su puerta».

Muchos miembros se atan a sus pastores de la misma forma. No solamente es permitido apegarse para aprender, sino que el Señor aconseja que «la boca del justo producirá sabiduría» (Proverbios 10.31) y que «el que anda con sabios, sabio será» (Proverbios 13.20). Sin embargo, debemos caminar con cuidado, no sea que hagamos un ídolo de esa persona o seamos conducidos por mal camino. Deuteronomio 13.1-4 puede ser aplicado tanto a los pastores y maestros como lo fue a los profetas:

> Cuando se levantare en medio de ti profeta, o soñador de sueños, y te anunciare señal o prodigios, y si se cumpliese la señal o prodigio que él te anunció, diciendo: Vamos en pos de dioses ajenos, que no conociste, y sirvámosles; no darás oído a las palabras de tal profeta, ni al tal soñador de sueños; porque Jehová vuestro Dios os está probando, para saber si amáis a Jehová vuestro Dios con todo vues-

tro corazón, y con toda vuestra alma. En pos de Jehová vuestro Dios andaréis; a Él temeréis, guardaréis sus mandamientos y escucharéis su voz, a Él serviréis, y a Él seguiréis.

El Señor espera de nosotros que usemos nuestras propias mentes para distinguir si lo que escuchamos nos lleva más cerca de Él y de su justicia o si más allá para nuestra destrucción.

Él espera que estemos parados sobre nuestros dos pies. Algunos entraron en la *idolatría espiritual intelectual*, olvidando al Señor y a sus propias mentes dadas por Dios por la mentalidad de alguien al cual ellos admiran demasiado. Al comienzo de nuestro ministerio, Paula y yo nos acostumbramos a ver lo que llamamos los «seguidores de grupos», personas intelectualmente idólatras, que aparecían en cada reunión, buscando conocimiento ostensiblemente. Pronto descubrimos que no importaba cuánta enseñanza oían, ellos retenían poca y nunca maduraban. «Porque de estos son los que se meten en las casas y llevan cautivas a las mujercillas cargadas de pecados, arrastradas por diversas concupiscencias, *estas siempre están aprendiendo, y nunca pueden llegar al conocimiento de la verdad*» (2 Timoteo 3.6-7). ¡Muchas de estas «mujercillas» se transformaban en hombrecillos!

Es posible cambiar cualquiera de las bendiciones de Dios en perdición y destrucción. Algunos caen en problemas porque no entienden que apegarse a otros, aún para estudiar, puede derivar por ignorancia y confusión en adulterios espirituales y hasta físicos.

El tercer tipo de apego es por desangre. «La sanguijuela tiene dos hijas que dicen: ¡Dame!¡dame!» (Proverbios 30.15). En este texto las sanguijuelas representan personas que no se disciplinan a fin de mantener su espíritu obediente a Cristo; conservan un sentimiento superficial de bienestar al vincularse con otros cristianos. Extraen las energías de otros de manera parecida a como las sanguijuelas chupan la sangre de los desprevenidos vadeadores y nadadores.

¡Paula y yo, que por naturaleza somos acarreadores de cargas, estuvimos en cierta ocasión muy cerca de ser desangrados por docenas de sanguijuelas espirituales! Nos tragamos la mentira (debido a nuestro inflado sentimiento de importancia) de que ellos iban a conseguir la sanidad solamente si soportábamos su carga, por lo que estuvimos poco dispuestos a abandonarlos y dejarlos ir. Finalmente, nos dimos cuenta de que la dura verdad era que las sanguijuelas no tenían *la intención de sanarse.* Ellos querían ser cargados el tiempo que alguien los soportara. Cuando finalmente entramos en razón, el Señor nos mostró el Salmo 118.12: «Me rodearon como avispas, pero se consumieron como zarzas en el fuego. *¡En el nombre del Señor las aniquilé!*» (NVI). Para ese entonces habíamos aprendido que a veces la bondad de Dios debe expresarse en formas que pueden parecer crueles. Oramos fervientemente, cortando cada sanguijuela que estuviera vinculada a nosotros. Para sorpresa nuestra, no solamente *nos* sentimos más aliviados y libres, sino que *muchos de ellos se liberaron* y comenzaron a estar parados sobre sus propios pies. Permitirles apegarse a nosotros no les ayudó en nada, solamente los obstaculizó. Paula y yo hemos visto a muchos siervos del Señor tambaleándose en la «tercera etapa totalmente consumida», ignorantes de que las sanguijuelas los han secado. Cuando esto me sucede, me siento desprovisto de toda compasión, «exhausto hasta la médula», ¡como si ya no pudiera dar una respuesta amable a más nadie! Siento como si hubiera un hueco en mi pecho, y que grito para que alguien lo vuelva a llenar con sensibilidad humana. Cuando un siervo ha sido devastado así, se vuelve vulnerable a cualquiera que parece ofrecernos consuelo y que puede nuevamente «reabastecernos de combustible». Si yo no hubiese sido tan determinantemente moral y fiel a Paula y si no hubiese podido encontrar y recibir en ese momento ayuda en mi casa, ¡yo pudiese haber sido barrido por cualquier mujer que me hubiese ofrecido abrazarme y restaurar mi corazón! Me he condolido por tantos hermanos de vestiduras que eran ignorantes de lo que los estaba impulsando hacia el adulterio espiritual y físico. Ellos cayeron porque fueron absorbidos por las sanguijuelas y consolados por otros, ¡simplemente porque se encontraron apartados de la renovación en casa!

El cuarto tipo de vinculación es claramente sexual. No importa cuán espiritualmente maduros somos, todos permanecemos susceptibles a ciertos tipos de personas, cuya poderosa «química» nos atrae físicamente. Cualquiera que piense que ha madurado espiritualmente mas allá de la posibilidad de apegarse sexualmente, se está engañando a sí mismo. Una mujer a la que ministraba era tan vieja y madura en Cristo que pensé que ella seguramente no iba a tener ningún sentimiento sexual hacia mí, ¡o hacia cualquiera! Pero años después descubrí que fue atormentada continuamente por sueños sexuales y fantasías respecto a mí. ¡Entonces comprendí el porqué yo, que pensaba que estaba mas allá de tales cosas, me había quedado perplejo en ocasiones al sorprender corriendo por mi mente pensamientos sexuales hacia ella! Nunca pensé en la contaminación de la empatía como me pudiera haber sucedido con una mujer más joven, porque nunca sospeché que alguien de su edad pudiera tener esos sentimientos.

La química sexual puede seducir al desinformado e ignorante a imprudentes vínculos y a adulterios espirituales y físicos. De alguna forma llegamos a pensar que lo que sentimos emocional y físicamente es sincero y real. ¡Nada más lejos de la verdad! Los sentimientos emocionales siempre están sujetos a la carne y a confusiones. Ellos provienen del corazón, el cual es desesperadamente corrupto y malvado (Jeremías 17.9). Los sentimientos físicos pueden ser verdaderos, pero demasiadas veces nuestros corazones corruptos, más que nuestras renovadas mentes en Cristo, son las que interpretan sus significados. Demasiados han caído debido a que pensaron que la seducción sexual nació de un verdadero amor.

El tipo final de apego se debe al «parentesco espiritual». Existen algunas personas a las cuales reconocemos inmediatamente como «familia». Nos sentimos como si hubiéramos venido de la misma familia en el cielo: «Por esta causa doblo mis rodillas ante el Padre de nuestro Señor Jesucristo, de quien toma nombre *toda familia en los cielos* y en la tierra» (Efesios 3.14-15). Exista o no el hecho de que podamos ser de la misma familia celestial, nuestro espíritu da un salto de reconocimiento y susurra en nuestra mente: «Quédate al lado de él. Es de la familia».

Este tipo de apego puede transformarse en cualquiera de los otros o en los otros cuatro: amistad, estudio, desangre y afinidad sexual. El parentesco espiritual en sí mismo no es ni bueno ni malo. Lo que hacemos con él puede serlo. Las cinco formas de apego pueden llevar al adulterio espiritual, a las aventuras amorosas y al adulterio físico. Cada una puede también convertirse en una transferencia si nos involucramos profundamente tratando de ayudar al otro.

El fracaso de los matrimonios que nacieron en la transferencia

Muchos pastores y otros pocos bien entrenados consejeros, no saben virtualmente nada acerca de la transferencia. Si esa ignorancia está unida a una vulnerabilidad en la consejería, puede resultar un gran daño. Paula y yo hemos ministrado a muchos que, debido a las transferencias, se vieron envueltos en «pegajosas» relaciones. Pensaron que el amor de sus clientes era verdadero y respondieron de acuerdo a como pensaban. Estas relaciones se transformaron en aventuras amorosas, la mayoría de las cuales terminaron en adulterio físico.

Todas las relaciones basadas en una necesidad son intrínsecamente inestables. Apartándonos totalmente de la transferencia, si un hombre se casa con una muchacha muy sensible o una mujer se casa con un «niño», frecuentemente lo que se esconde detrás de la relación es la necesidad de uno de hacer de padre y la del otro de recibir ese afecto. En muchas de estas uniones, el que hace la parte de los padres se cansa de su actuación, o el «niño» comienza a crecer. Entonces deben terminarse las habituales maneras de esta relación y crear otras nuevas. Por lo general uno y a veces los dos son incapaces de hacer dichos ajustes, y el matrimonio fracasa.

Las transferencias encubren la inmadurez buscando la madurez, la debilidad buscando fuerza, o una enfermedad emocional bebiendo sanidad. Cualquiera que sean los componentes, *la necesidad es la base sobre la cual son construidas todas las relaciones de transferencia.*

Algunos matrimonios imprudentes sobreviven, ya sea que los participantes se detengan en su actuación o que se ajusten a los cambios. Pero estos matrimonios y las transferencias poseen una crucial diferencia: *el matrimonio no se produce con el cambio como su primer objetivo, mientras que las transferencias existen con ese verdadero propósito.* Esto significa que si un consejero cree que los sentimientos de su cliente hacia él es verdadero amor de pareja y corresponde a este, sentencia a su amante al fracaso. El amor que ellos comparten no puede convertirse en un matrimonio exitoso. El amor de las parejas nace en la mutua confianza y respeto, entre iguales. El amor de transferencia es por definición dependiente y engañoso.

Paula y yo hemos aconsejado frecuentemente a quienes se divorciaron de sus cónyuges para casarse con sus transferenciados.¡No hemos oído de ninguno que haya hecho una exitosa transición! Uno podría pensar que el amor de transferencia pudiera morir y que en su lugar naciera un verdadero amor de pareja. Pero eso nunca sucede de esa manera. Las relaciones de necesidad no engendran el mismo tipo de respeto, admiración y confianza que los de base igual.

No pasa mucho tiempo hasta que el cliente descubre que no está realmente enamorado de su pastor o consejero. El tiempo y la creciente madurez comienzan a revelar que lo que parecía ser amor era en realidad una mera proyección y una admiración idealista. En este aspecto, proyección significa que, aparte de la no reconocida necesidad de un padre o una madre, el más joven proyectará en la persona mayor que satisfacerán no solamente esa necesidad, sino muchas expectativas del subconsciente, tanto positivas como negativas. En realidad, el más joven está pasando por cuestiones no resueltas y encontrando el amor de uno o ambos padres, largamente perdido. Cuando este tipo de amor se desvanece (no se necesita más), aparece la desilución. Normalmente el pastor o consejero es considerablemente mayor, y cuando la fría luz de la realidad dispersa la niebla de la confusión, la pareja más joven se encuentra a sí mismo atrapada en algo que ahora se ha transformado en una desagradable relación matrimonial. Normalmente quedan tiernos sentimientos de lealtad y algo de admiración, pero el desilusionado no puede dejar de ver que esos no son los sentimientos apropiados para un verdadero amor de pareja y que nunca existieron.

El cónyuge más joven se encuentra entonces buscando a su alrededor, mirando a otras personas deseables más cercanas a su propia edad. Irrumpe el sentimiento de culpa, pero no puede detener el deseo de mirar a otros. Finalmente el antiguo consejero se da cuenta que cualquier débil llama de amor de pareja que haya titilado alguna vez ahora está extinguida.

Este cuadro puede parecer demasiado determinante y como la naturaleza humana es como es, existen variaciones. Probablemente algunos sobreviven a los ajustes. Paula y yo conocemos a algunos matrimonios que perduraron debido a su responsabilidad ante los hijos o a su determinación de no divorciarse otra vez, ¡pero la chispa se ha ido! Los dos ahora solamente pasan el tiempo hasta la tumba. Ya no están creciendo juntos como un equipo en la integridad y la madurez llena de gracia que encontramos en tantos que festejan su cuadragésimo, quincuagésimo y sexagésimo aniversario.

Una joven mujer que conocemos fue a su pastor por consejería. Necesitaba a un «padre». Desde la luna de miel, su esposo se habia revelado como un insensible campesino. El pastor había visto cómo se secaba esa relación matrimonial. Muy pronto la joven mujer entró en adulterio espiritual, el que rápidamente se tornó en transferencia. Al transitar ella por las enfermizas áreas de su infancia respecto a su padre y a otros miembros de su familia, la abundante compasión del pastor nunca dejó de calmar sus tempestuosas emociones. En cada sesión su «amor» por él iba en aumento. Mientras tanto, cuando el deseo de tener a un marido como él contaminó su corazón, la mente del pastor interpretó esto como su propio deseo de tener una esposa tan encantadora como ella. Los fracasos en su hogar habían secado tanto el fondo de su corazón que el amor de ella por él se tornó en una lluvia deliciosamente refrescante. Comenzó a esperar no solamente sus citas de consejería sino también las actividades dentro de la iglesia que ella atendía. Se encontró observando la forma en que ella se movía, «sintiendo» su ritmo dentro de sí mismo casi como si él fuese uno con ella. Se descubrió sobresaltándose ante imágenes mentales de su esposo abrazándola. Como poseía un corazón de pastor, adjudicó primeramente aquellas imágenes a su preocupación de que un torpe e insensible simplón solamente podía pisotear sus sentimientos y magullar su cuerpo. Él no se percataba de que en realidad estaba agonizando por ella con los celos de un amante contrariado.

Hasta aquí, esto podría ser la historia de incontables transferencias que se tornan dobles. Transferencias dobles o contratransferencias ocurren siempre que un consejero es contaminado a creer en el «amor» y corresponderlo, trabajando también en áreas enfermizas. Las dobles se enganchan en áreas ocultas de cada corazón, chisporroteando casi irresistibles fuegos de atracción.

La mayoría de las transferencias dobles van rápidamente del adulterio espiritual al adulterio físico. En esta ocurrió así y el hombre perdió su iglesia, su esposa y su familia. Algunos consejeros, como el recto pastor mencionado anteriormente, huyen de estas relaciones peligrosas. ¡Pero muy pocos, muy pocos escapan de ellas! Algunos se dan cuenta de que están en peligro, pero permanecen enganchados debido a que temen que si se retiran, el aconsejado no será capaz de soportar otro devastador rechazo. Así su trabajo y su vanidad los ciegan hacia una inminente destrucción.

Paula y yo hemos dado consejería a algunas que terminaron seduciendo a su pastor consejero debido a inadvertidas transferencias dobles. Una de estas mujeres se acostó con su sacerdote y luego se quejó amargamente de que si iba a ser condenada por pecar, ¡al menos debía haberlo disfrutado! (¡Su irrrescindible voto de celibato lo había dejado impotente!)

¡Adulterios relacionados con transferencias, separaciones y divorcios han sacudido a un increíble número de hogares e iglesias! Ciertamente que el pueblo de Dios está siendo «destruido por falta de conocimiento».

Los síntomas de transferencia simple

Los síntomas son idénticos a los del adulterio espiritual y la contaminación, más:

1) El aconsejado *piensa demasiado elevado acerca de su consejero:* «Usted es el único que verdaderamente me entiende».

2) *El cliente, encubierta o abiertamente pide «una relación especial».* Una hermosa mujer de la congregación, aparentemente no consciente de que estaba intentando ser seductora, me dijo varias veces: «John, yo no sé que quiero de usted, pero solamente sé que quiero ser algo "especial" para usted». Había sido violada cuando era adolescente, ¡y su padre la había culpado a *ella!* Inconscientemente ella quería ser mi hija, aunque era de edad parecida a la mía.

3) *La aconsejada comienza a tramar problemas.* El consejero puede sospechar que ella quiere sentir que la amen más que la curen.

(Debe tomarse en cuenta que este y la mayoría de los otros síntomas pueden ser atribuidos correctamente a factores que no tienen que ver con transferencia. El diagnóstico siempre requiere discernimiento. Podría ser peligroso llegar a falsas conclusiones.)

4) *La aconsejada puede llegar a invitar al consejero a encuentros sociales y desear ser más que un simple «caso».* El cliente quiere ser un íntimo amigo personal (similar al número 2, pero en este caso es un pedido específico de amistad).

5) *La aconsejada exhibe típicos signos de amor obsesivo,* miradas anhelantes, toques «inocentes», palabras de doble sentido, etc.

Los síntomas de transferencia doble

1) *Un excesivo deseo en el consejero de ser el único sanador* (haciendo de Dios).

2) *El consejero desea dar cada vez más frecuentes y prolongadas sesiones de lo que los problemas realmente exigen.*

3) *Las necesidades y temperamento se acomodan demasiado fácil a las habilidades del consejero y a su vulnerabilidad.* Tenga cuidado cuando el consejero comienza a darse cuenta cuán «ideal» es para ser de ayuda a esa persona, quizás el único «que puede verdaderamente comprenderla».

4) *Aislamiento. El consejero comienza a buscar más privacidad de la que la oficina proporciona: «Alguien puede oír por casualidad asuntos confidenciales».* No tiene en cuenta que la misma oficina fue perfectamente aceptable para otras consejerías. Si alguien hace notar esto, la respuesta puede ser: «Pero este es un caso especial, necesita más sensibilidad para la confidencia».

5) *Se observan más sentimientos de «amor» en el consejero que lo que el* ágape *(el amor de Dios), o el* philia *(amor fraterno) exigen.* Eros, *(el amor romántico) comienza a enviar señales en los sueños y en despiertas fantasías espontáneas.*

6) *Cortes en la comunicación, oración y en la vida sexual en la casa,* acoplados con comienzos de desfavorables comparaciones entre el cónyuge y la aconsejada.

7) *Incapacidad de prestar oído a las advertencias de los amigos y mostrar una defensa agresiva.*

8) *Un temor profundamente localizado en su espíritu y vagas sensaciones de que es traicionado* (aunque ningún traidor pueda ser identificado). En realidad, el consejero siente su propio error y el de su relación, pero es incapaz de enfrentar la verdad de su decepción. Por lo tanto proyecta sus temores hacia afuera hasta parecer un paranóico para los demás, que se preguntan «qué le está pasando a él».

9) *El consejero siente en su interior sentimientos de que no está protegido y que de algún modo está expuesto,* al mismo instante en que se siente efusivo y ultra protector hacia la aconsejada. Estas

ansiedades realmente nacen del temor espiritual de él o de ella de que, después de todo, puedan decepcionarse, y si fuera así, «¿dónde estaba Dios?» Además, el temor consumidor, si ya ocurrieron acciones pecaminosas, de que alguien se dé cuenta de lo que está pasando y se lo cuente a otros.

10) *El comienzo de conductas compulsivas.* Por ejemplo, la incapacidad de resistir llamar por teléfono al otro «para ver si todo está bien», o de parar de pensar acerca del «amante», o de controlar o por lo menos limitar, el creciente hábito de soñar despierto («¿qué pasaría si...?», «quizás podríamos haber...»).

Antídotos y remedios

1) *Aclare con su cónyuge (o amigo, si no es casado), a su manera, sus ocultas motivaciones, así como Paula y yo oramos por cualquier factor sexual pecaminoso en mi corazón* (primeras páginas del primer capítulo).

2) Pero añada una nueva dimensión: SEA TRANSPARENTE. *Permita que el amor de Cristo brille a través de usted.* La transferencia es una dinámica sicológica que ocurre frecuentemente en consejería secular y menos frecuentemente en consejería cristiana. ¡Pero después de todo, no debería ocurrir en una consejería cristiana! La transferencia es una copia mundana de la verdadera consejería cristiana. Carente del poder del Espíritu Santo que habita en el interior, un consejero secular solamente puede dar amor humano, el cual inevitablemente vincula al paciente con el consejero. Pero debido a que un cristiano aprende cómo amar en Cristo y no en la carne, los aconsejados (o cualquiera que sea ministrado por otro cristiano)se pueden mover rápidamente más allá de los vínculos de la carne y sentir la plenitud de nuestro Señor Jesucristo.

Luego de que Paula y yo llevamos a la muerte en la cruz todo aquello en mi carne que pudiera causar que las personas se apegaran a mí, muchos encontraron fácilmente su sanidad en Jesús. Nunca más sucedieron transferencias completas. Pero algunos persistían en atarse a mí a pesar de las oraciones. El Señor respondió a nuestro clamor diciendo: «John, la razón es que tu presencia promete mi amor, pero tu temor a involucrarte lo bloquea. Ellos no pueden llegar hasta mí debido a tu incredulidad. Ahora que has llevado esas cosas a la muerte, cree que soy yo el que está amando a esas personas a través de ti. Vamos, confía en mi, y ámalos libremente. Será mi amor el que recibirán». Paradójicamente, cuando comencé a expresar el amor que temía iba a echarme a las personas encima, ¡ellas recibieron verdaderamente mi amor como su amor y se vincularon limpiamente a Jesús solamente!

Es la continua muerte en la cruz lo que crea transparencia. Siempre que siento que los aconsejados no están llegando limpiamente a Jesús a través de mí, vuelvo al pié de la cruz para decir: «Bien, Señor, ¿qué pasa con mi carne? ¿Por qué la gente no puede ir hacia ti a través de ella? Hazme morir nuevamente, Señor. Vuelve a hacerme transparente».

Para aquellos que necesitan ministración, la muerte en la cruz nunca es suficiente en sí misma para conseguir sanidad y transformación. Los cristianos también necesitan experimentar la resurrección. Deben surgir a la vida en áreas que nunca funcionaron antes, o caerán nuevamente en lo conocido. A veces, nuestro Señor, soberanamente, realiza las resurrecciones aparentemente instantáneas. Pero frecuentemente, por sus propios propósitos, Él elige dar vida a las personas *a través* del amor de sus siervos. Si nosotros no estamos suficientemente muertos en nosotros mismos, es por esa razón que el ministerio se vuelve difícil.

> Pero en una casa grande, no solamente hay utensilios de oro y de plata, sino también de madera y de barro; y unos son para usos honrosos, y otros para usos viles. *Así que, si alguno se limpia de estas cosas, será instrumento para honra, santificado, útil al Señor, y dispuesto para toda buena obra* (2 Timoteo 2.20-21).

Desde que Paula y yo aprendimos estas cosas, nadie entró en transferencia hacia nosotros. ¡Pero tenemos cientos de hijos e hijas íntegros y espiritualmente felices alrededor del mundo! (Véase el capítulo 21, «Father and Mothers in Crist», en nuestro libro, *The Transformation of the Inner Man*.)

3) *Aprenda a decir la «oración de Abraham-Isaac» regularmente*. Cada ministerio recibe su Isaac. ¡Si no ponemos nuestro ministerio delante del altar, algo nos sucederá! El Señor no poseerá nuestro ministerio, ni tampoco nosotros. La carne manejará todo nuestro servicio. *Nuestro* ministerio, más que Jesús, se tornará el dios al cual serviremos. Entonces confundiremos el entusiasmo de la carne por unción y las intuiciones del mundo por dones de conocimiento y percepción. Cuando esto ocurre, no podemos ser transparentes. Las personas se atarán más a nosotros que a Jesús. En nuestro entusiasmo y vanidad carnal ministraremos entonces carnalmente, tratando de ser nosostros mismos los salvadores y regeneradores.

La oración de Abraham-Isaac es simple. «Señor, pongo mi ministerio (déle un nombre: consejería, música, enseñanza, evangelización, predicación, ayuda, lo que fuere) en el altar. Te lo devuelvo a tí. Haz que muera su influencia en mí. Líbrame de él. Desde ahora en adelante es tuyo, no mío».

Si no repetimos esta oración regularmente, perderemos nuestra transparencia. Trabajaremos en artilugios, métodos de la carne, programas personales de una agenda oculta, y «errores» emocionales en todos aquellos a los que ministramos. Por ejemplo, si el Señor me da una nueva intuición mientras aconsejo a la primera persona del día, y yo no me acuerdo de ponerla inmediatamente en el altar, los próximos aconsejados tendrán ese problema. ¡Sea o no realmente ese su problema! (Yo estoy «en eso» hoy. Me posee).

4) *Libere*. Si han comenzado vínculos impropios, *córtelos*. Libere a las personas emocional, intelectual y espiritualmente.

5) Si las oraciones no lo consiguen, actúe con sabiduría y rectitud. Los consejeros deben actuar para protegerse a sí mismos y a sus aconsejados, y los amigos deben actuar librando a ambos de errores. ¿Cómo?

A) *Invite a un compañero consejero a las sesiones.*

B) *Evite volverse compañero fuera de la oficina.* Conocemos un ministerio de consejería que tuvo que desvincular del personal a una consejera debido a que se volvió muy familiar con sus aconsejados. Por ejemplo, los llevaba a comer afuera con demasiada frecuencia. Aunque necesitamos ser amigables, la relación de consejería debe mantenerse estrictamente profesional, lo más que se pueda.

C) *Comparta con su cónyuge lo que pueda conversar discretamente.* No dé nombres. Informe a su cónyuge que las personas están tratando de atarse, y oren otra vez juntos por la debilidad de su carne.

D) *Reconozca* que una vez que un aconsejado se ha atado en la carne, un consejero puede por un tiempo no ser capaz de transferir al aconsejado puramente a Jesús. El consejero tendrá que pasar por eso. Un consejero sabio pedirá a otros que lo ayuden, explicando al aconsejado lo que significan las relaciones de transferencia y dotar de atributos para el «largo tirón».

6) *Tome perspectiva.* No permita que esta situación de consejería ensombrezca a las demás. Minimize su importancia. Háblelo con su esposa, pero luego olvídelo. Si la transferencia se ha vuelto doble, es imposible tratarla solo. Por consiguiente, cada consejero necesita amigos que sean sus iconoclastas personales, quienes le puedan ayudar a romper sus «ídolos» a través de la oración sana y del compañerismo.

7) *Reconocer cuando la tarea ha sido cumplida.* Cuando el otro es capaz de mantenerse solo de pie, déjelo ir. La tarea de un consejero es análoga a la de Pablo: «Por quienes vuelvo a sufrir dolores de parto, hasta que Cristo sea formado en vosotros» (Gálatas 4.19). Hasta que el otro pueda caminar en Cristo libremente, los consejeros deben llevarlo en su corazón (véase Filipenses 1.7). La dificultad radica en saber cómo y cuándo liberar. Los consejeros deben ser cuidadosos en no liberar a los transferencistas demasiado pronto, una separación temprana puede ser interpretada como rechazo y causar recaídas.

Por consiguiente, los síntomas que muestran que están listos para dejarlos ir son:

A) *Autosuficiencia.* El aconsejado comienza a entablar peleas con el consejero, igual que un adolescente que quiere cortar con los lazos familiares.

B) *Coraje.* El aconsejado se para y se hace cargo de su vida.

C) *La agresividad* se ha tornado una norma y se adueña de las situaciones.

D) *Equanimidad.* El «efecto yo-yo» ha terminado. No existen más los salvajes sube y baja. El aconsejado está de pie sin tensiones.

E) *El aconsejado se conoce a sí mismo, reconoce rápidamente los «juegos» y fácilmente les pone fin.*

F) *El aconsejado dice: «¡No estoy enamorado de usted!»* (Esta es una declaración, no una pregunta.) El aconsejado vuelve a equilibrarse y declara su independencia.

8) Finalmente, *cada consejero necesita someterse a la autoridad.* Si los superiores aconsejan terminar con el caso o conseguirse un compañero, deje que los consejeros obedezcan con prestreza y con espíritu voluntarioso. Los consejeros deben evitar el orgullo y la presunción por encima de todo y recordar que no son los únicos o los mejores que Dios tiene para sus aconsejados. «Yo planté. Apolos regó; pero el crecimiento lo ha dado Dios. *Así que ni el que planta es algo, ni el que riega, sino Dios, que da el crecimiento*» (1 Corintios 3,6-7).

4

La fornicación, las aventuras amorosas y el adulterio

Aclaración de los términos

La fornicación ocurre cuando un *hombre* y una *mujer solteros* se unen en relaciones sexuales.

Adulterio es cuando *un hombre casado* y una *mujer casada* tienen relaciones sexuales pero no están casados entre sí.

Si una persona *soltera* tiene relaciones con alguien que *es casado, el primero comete fornicación, el segundo, adulterio.*

Algunos cristianos trataron de decirnos que las palabras «fornicación» y «adulterio» son idénticas en su significado y se aplican únicamente a las personas casadas. Por lo tanto concluyen que si las personas solteras entran en relaciones sexuales, ¡no hay ningún pecado en eso! ¡Cómo algún cristiano sincero puede creer esta estupidez es algo que no entiendo! «¿No sabéis que los injustos no heredarán el Reino de Dios? No erréis; ni los *fornicarios*, ni los idólatras, ni los *adúlteros*...» (1Corintios 6.9). Si estas dos palabras (fornicarios y adúlteros) significan lo mismo, una es una redundancia y por lo tanto carece de significado. ¿Y cómo pueden olvidarse de Éxodo 22.16 y Deuteronomio 22.28-29, donde en ambos pasajes se dice que si un hombre seduce a una virgen debe casarse con ella? El versículo 29 agrega que «*por cuanto la humilló; no la podrá despedir en todos sus días*».

Según las Escrituras no existe una salida, ¡las relaciones sexuales antes del matrimonio son pecado! Algunas personas simplemente quieren cambiar las Escrituras para justificar sus deseos pecaminosos. Cada cristiano debería establecer para sí mismo lo que estableció Pablo, él escribió: «Antes bien renunciamos a lo oculto y vergonzoso, no andando con astucia, ni adulterando la palabra de Dios, sino por la manifestación de la verdad recomendándonos a toda conciencia humana delante de Dios» (2 Corintios 4.2).

La fornicación se ha vuelto una epidemia en nuestra sociedad. En mi juventud, la joven que había perdido su virginidad antes de la noche de bodas era una rareza. ¡Hoy en día es aun más rara la joven que ha conservado la suya! Algunas encuestas señalan que por lo menos el ochenta por ciento de las adolescentes norteamericanas ya se han vuelto «sexualmente activas», eufemismo que se usa hoy para las «sexualmente pecaminosas».

En la segunda sección de este libro, explicaré más ampliamente las causas históricas, teológicas y culturales del incremento del pecado sexual en nuestros días. Quiero destacar aquí algunas de las causas sociales que dificultan que nuestra juventud quede fuera de la fornicación.

Causas sociales de la fornicación

La causa principal de fornicación entre los jóvenes cristianos de la actualidad es la presión de los pares. Las presiones para que se amolden a los demás son enormes. Frecuentemente, adolescentes y jóvenes adultos nos han dicho a Paula y a mí lo siguiente: «Nuestros novios nos dicen que si no "lo hacemos", nunca nos darán otra cita». «No nos invitan a las fiestas». «No le gustamos a nadie». «Si nuestros amigos se dan cuenta que aún somos vírgenes, nos llaman "gallinas", "puritanas tontas", "presumidas", "más papista que el Papa"».

Hay un poderoso impulso en los adolescentes de ser popular. Algunos cristianos consiguen permanecer populares y «rectos», pero son pocos y muy esparcidos. La mayoría de los adolescentes que insisten en ser morales son frecuentemente objeto de rechazo y soledad. La elección es dolorosamente obvia, sucumbir o sufrir.

La segunda razón social más importante es: «Todos lo hacen». No me refiero aquí a la presión de los pares sino al aturdidor efecto de la inundación de películas, espectáculos de televisión, novelas, teleteatros y de los malos ejemplos dados por algunos líderes «cristianos». La más destructiva de las presiones del «todos lo hacen», es el ejemplo de los padres. Las separaciones, los divorcios, las citas en la casa, las actividades sexuales ilícitas de los padres que se observan o presienten, erosionan la virtud de la fidelidad en la mente joven. Los hijos de hogares destrozados o infieles, a menos que Dios intervenga, no pueden sostener una unión duradera y fiel.

Paula y yo crecimos cansados de que nuestros hijos estuvieran en la compañía de los que llamábamos «los orangutanes». Les decíamos:

—¿Por qué no se buscan algunos muchachos de hogares sanos y estables para jugar?

Ellos respondían.

—Pero mamá, papá, no hay ninguno. ¡Todos en nuestra clase provienen de un hogar destrozado!

Controlamos y verificamos que efectivamente los nuestros eran unos de los pocos muchachos en todo el colegio que no eran de familias de un solo padre o casados nuevamente. Nuestra comunidad no era, triste es decirlo, diferente de la mayoría de Norteamérica y Canadá. Maestros de todas partes informan muchas veces las mismas estadísticas: más de la mitad de la clase proviene de hogares destrozados. Los hijos criados en esos hogares no han visto realmente demostrado un compromiso para toda la vida, ni la santidad de la sexualidad con una pareja de por vida. Por otra parte, se abstienen de hacer cualquier compromiso real, el dolor de las relaciones rotas durante su infancia les causa el temor de correr el mismo riesgo. Ellos eligen protegerse a sí mismos al relacionarse solo superficial y condicionalmente. La bendición de la constancia y aun de la moralidad no ha sido escrita en sus corazones por la experiencia, y están totalmente desprovistos de lo necesario para participar en la verdadera intimidad en la cual ellos se encuentran, se conocen, se hacen uno y se acarician.

Por el contrario, los padres morales que permanecen felizmente casados producen vástagos que también permanecen felizmente casados. Nuestros cuatro hijos son hombres de una sola mujer. Nuestro hijo Mark recientemente alegró nuestros corazones cuando apareció por un instante una escena inmoral en la pantalla del televisor. Se sobresaltó y dijo: «¡Yo no podría ni *pensar* siquiera en dar mi cuerpo a una mujer que no fuese otra que Maureen sin un estremecimiento de repulsión!» Yo siento de la misma manera y así lo sintió mi padre, por eso, por supuesto, lo hacen nuestros hijos. Nuestras dos hijas poseen la misma determinación de ser morales y fieles.

La tercera causa social de la fornicación es la erosión de creer en lo absoluto de la ley moral y en la santidad del sexo en el matrimonio hoy día. Cuando era un adolescente, era costumbre estacionar el auto y «acariciarse» o «besarse» o «abrazarse». Era también normal para las pasiones sexuales el excitarse excesivamente. ¡Las pasiones sexuales corren igual que un tren de carga disparado! Pero para la mayoría de nosotros, el sentimiento de lo admirablemente absoluto de los mandamientos de Dios atemperaban rápidamente nuestro ardor. Puedo recordar haber estado «caliente y molesto» y entonces ser dulcemente enfriado por la gracia de Dios cuando Él me recordó sus leyes en mi mente. La conciencia del llamado de Dios por la santidad en las relaciones sexuales del matrimonio crecían en mí entonces y apagaban mis fuegos como un regador automático.

¿Cómo puede el joven llevar una vida íntegra? Viviendo conforme a tu palabra ... En mi corazón atesoro tus dichos, para no pecar contra ti (Salmo 119.9 y 11, NVI).

Cuando la sabiduría entrare en tu corazón, y la ciencia fuere grata a tu alma, la discreción te guardará; te preservará la inteligencia, para librarte del mal camino (Proverbios 2.10-12).

¡Hoy día, el temor de Dios se ha ido! Nuestros jóvenes no están protegidos por el santo respeto de su disciplina. La Palabra ya no resuena más en sus corazones apartándolos del mal. Puede que sus mentes conozcan la Ley, pero la falta de vivir con sacrificio significa que la Palabra no se ha escrito en sus corazones. En lugar de eso, han sido criados en la era del «dame-dame», caracterizada por una egoísta gratificación y, por sobre todo, con la absoluta convicción de que poseer cualquier cosa que les plazca en el momento que quieran es su más sagrado derecho.

La cuarta causa social es la falta de tareas importantes en la niñez. Muy pocos abogarían hoy por deshacernos de muchos artefactos que nos ahorran trabajo. Hay que dar gracias a Dios porque los lavaplatos, las lavadoras y secadoras de ropa, los hornos de microondas y demás utensilios han liberado a las mujeres de efectuar monótonas tareas domésticas. ¡Pero el lado malo de este beneficio es que nuestros hijos han crecido sintiéndose inútiles!

En mi infancia, ciertas tareas eran necesarias para sobrevivir. En la actualidad, si se asignan, no nos parecen muy sencillas. Si entonces no ordeñaba la vaca, sus mugidos iban a despertar a la familia y a todos los vecinos. ¡Si no atendía las gallinas y limpiaba de malas hierbas la hortaliza, no comíamos! Era doloroso levantarse temprano en las frías mañanas para ordeñar y hacer esas tareas. Aprendí en el verano el valor y la virtud del sacrificio al esforzarme en quitar malas hierbas mientras el sudor hacía correr líneas de barro por mi rostro. Aprendí a amar el trabajar para otros. Y, más relacionado a nuestro punto de discusión, aprendí a estimar la propiedad de otros. Conozco de primera mano los sacrificios que todos tuvieron que soportar en aquellos días de la depresión de los años treinta, para obtener todas sus posesiones.

A la mayoría de nuestros hijos no se les ha enseñado nunca la virtud del trabajo sacrificado para otros. Se les ha dado las cosas con tanta abundancia que ellos saben poco o nada del valor de lo que pertenece a otros. La mayoría de las películas modernas para adolescentes presentan la destrucción inútil de la propiedad sin importar en nada los demás, así como «héroes» que se comportan de forma tal que en la vida real terminarían en la cárcel.

¿Es de asombrarse entonces que estas actitudes influyan en lo que los jóvenes piensan acerca de sus cuerpos y de los cuerpos de otros? Se necesita una enorme determinación de autosacrificio para parar las furiosas embestidas de las crecientes pasiones sexuales. La mayoría de los niños modernos nunca han sido requeridos de darse a otros hasta que los vitales dones del autosacrificio queden impresos en ellos. Es más, han sido enseñados que todo lo que ellos quieran tener, deberán recibirlo, y si no lo reciben, ¡algo anda mal con sus padres!

Antes de conocer a Paula, había dos mujeres jóvenes con las cuales yo tenía intenciones serias. Hubo noches que cuando estaba con una de ellas los deseos sexuales eran casi imparables. Hubo momentos en los cuales la excitación pasó por encima de los controles del Espíritu Santo en mi espíritu. Todo lo que me mantuvo virgen fue el pensamiento de que esa deliciosa criatura, cuyos besos se habían vuelto «más dulces que el vino», quizás no llegara a ser mi esposa, y yo no tenía ningún derecho de agraviar a mi hermano (1 Tesalonicenses 4.6). Más poderoso sobre mi conciencia era que yo no tenía el derecho de poseer lo que Dios no me había dado. Esa sabiduría fue sembrada en mi corazón en aquellas horas de trabajo sacrificado para mi familia. Conozco y respeto en lo más profundo de mi corazón el costo de lo que le pertenece a otro. Actualmente, cuando hablo a los jóvenes de mi sentido respeto por la propiedad ajena como un poderoso disuasivo sexual, la mayoría sonríen amablemente, ¡y algunos no pueden reprimir las risitas! ¡Para ellos, mis ideas en este aspecto parecen irremediablemente antiguas, irrelevantes y hasta ingenuas! ¡Esta manera de pensar era para ellos tan irrelevante que pensaban que me estaba tomando el pelo yo mismo!

Mi forma de educarme no era un caso aislado. Sabemos de una familia de padres con siete hijos que luchó por años para sobrevivir en su granja. Cada hijo tuvo que trabajar, larga y duramente. La contribución de cada uno fue necesaria para todos. El hermano del padre de esta familia es un profesional cuya entrada le permitió proveer cualquier cosa concebible a su esposa y todo lo que sus hijos desearan. Los llevaron a Hawai y a muchos otros sitios de vacaciones por todo el mundo. El granjero y su mujer les dieron a sus hijos clases en su hogar para ahorrar dinero y nunca pudieron llevarlos a semejantes viajes.

Recientemente la familia del hermano profesional visitó la granja. Cuando regresaron, los padres se asombraron al escuchar la queja de sus hijos: «Quisiera tener una vida como la de ellos en la granja. Nuestras vidas son muy *aburridas*» ¡Cuán típico es ese sentimiento! La gente joven quiere contribuir, ellos desean que su existencia signifique algo. Ellos responden de buena gana al desafío de Youth With a Mission [Juventud con una misión] o al Peace Coros [Cuerpos de paz]. Ellos quieren sacrificarse dando a otros. Si no tienen esa posibilidad, se destrozan a sí mismos y a otros en adquisiciones sin sentido, especialmente sexuales.

La quinta causa de fornicación que veo entre los cristianos actualmente es la disponibilidad de oportunidades. Cuando era jovencito, no estábamos autorizados a estar a solas con el sexo opuesto, excepto bajo cuidadosas y controladas circunstancias. En las universidades, ningún hombre estaba permitido en los dormitorios de las mujeres, salvo que fuera el día de apertura. La hora del toque de queda para las mujeres era estricta. Se aplicaban severas penalidades a los infractores. En nuestra casa, papá y mamá estaban cerca, en el piso superior, y a la hora del toque de queda ellos decían: «¡Buenas noches, joven!» O encendían y apagaban las luces.

Pocos de nosotros teníamos nuestros propios automóviles, y cuando podíamos conseguir para la noche el de papá y salíamos a algún estacionamiento, la policía llegaba constantemente, nos iluminaba con sus linternas y nos hacía circular. Vivíamos con el temor de ser descubiertos, aun cuando estábamos solos, ¿quién sabía cuando alguno se iba a aparecer? Actualmente, en la mayoría de los terrenos de las universidades no existe ninguna supervisión. Dormitorios mixto son norma en muchas universidades y se permite a los hombres que entren en los dormitorios de las mujeres a cualquier hora del día o de la noche.

¡Aun después de que Paula y yo nos casamos, pasamos mucho trabajo para convencer a los dueños de los moteles para que nos alquilaran una habitación y teníamos que mostrar identificaciones para probar que estábamos casados! Las jóvenes de hoy pueden ir rápidamente a lugares escondidos, a un aislado lugar en los bosques (los cuales la policía ya no controla), al lugar de un amigo o prácticamente a cualquier motel.

Los padres en nuestro tiempo poseían un agudo sentido del deber de proteger a los jóvenes de sí mismos. Los jóvenes inmorales temían juguetear con las hijas de padres cristianos que eran responsables protectores. Hasta los padres inconversos casi siempre mantenían la guardia. En la actualidad, ese sentido de la responsabilidad se ha evaporado en el mismo tiempo en que la oportunidad ha llegado a límites extremos. Muchos padres dejan solos a sus hijos en casa por varios días.

La sexta causa es la disponibilidad y confiabilidad de los anticonceptivos. Cuando éramos jóvenes, la píldora no existía. Los diafragmas habían sido recién inventados y no había manera de que una persona no casada consiguiera uno (tenían que ser insertados por médicos y ninguno quería hacerlo). Los condones eran conocidos por romperse o salirse.

No podíamos escaparnos al temor del embarazo. (El aborto estaba fuera de cuestión, aunque hubiera sido legal.) Estar embarazada significaba que estaba «enganchada» para toda la vida, y los padres insistían en el casamiento, ¡a punta de pistola, si era necesario! Como en esos días la paternidad no podía comprobarse, algunos hombres inescrupulosos «abandonaban» a las mujeres para que sufrieran vergüenza y desgracia, lo cual reforzó a las jóvenes a decir: «¡No!» Pero hoy, ¡hasta algunos padres cristianos piensan que su deber es el de proveer condones o la píldora!

Los jóvenes de hoy en día están más informados acerca de la higiene. Ellos saben, o creen saber, cómo evitar contraer enfermedades. En mi juventud, muchos jóvenes con impulsos inmorales quedaban temerosos en el celibato por miedo a las enfermedades venéreas. Actualmente, hasta el ataque furioso del pavoroso asesino SIDA detiene solo a unos pocos. Muchos mal aconsejados padres creen que protegen a sus hijos de la gonorrea, sífilis, herpes y del SIDA enseñándoles acerca del condón, cuando en realidad únicamente los alientan a ser inmorales.

Esto nos lleva a la séptima causa: Se ha comprobado que donde han estado activas Maternidad Planificada y las clases de educación sexual en los colegios, ¡la fornicación y los embarazos indeseados han aumentado dramáticamente! ¡Maternidad Planificada envía ahora «tarjetas de saludos» a la juventud de la secundaria, con condones adheridos en su página interior! ¡Hasta les ofrecen gratis condones en una variedad de estilos y colores! (Este material ha sido tomado de una carta abierta escrita por Alana Myers a Beverly La Haye y enviada por ella a las iglesias en el verano de 1988. Beverly La Haye, Concerned Women for America, 122 «C» Street, NW, Suite 800 , Washington, DC 20001.)

La mentalidad liberal percibe frecuentemente un problema y luego, con tonto entusiasmo, ¡provee soluciones equivocadas! Por ejemplo, tenemos el problema de las mujeres sorprendidas por un embarazo indeseado. En lugar de insistir en la castidad entre los solteros, y enseñar acerca de buenos anticonceptivos a los casados, los liberales aprueban leyes y asignan cuantiosos fondos para que las mujeres puedan asesinar a esa vida no deseada que está dentro de ellas, ¡y ya se han realizado más de 16,000,000 de abortos (en Estados Unidos solamente) al momento de escribir estas páginas! De ahí el problema de que más y más jóvenes se vuelven «sexualmente activos». Antes que se lograra la aprobación de fondos para erradicar la pornografía, antes que se enseñara el valor y las recompensas de la conducta honrada y la advertencia de las consecuencias destructivas de la inmoralidad sexual, ¡los liberales obtuvieron treinta millones de dólares del gobierno de los Estados Unidos para proveer de condones y enseñar a la gente joven cómo tener relaciones sexuales *sin problemas!* (La Haye, *op. cit.*) Esto es casi un poco como ver un incendio forestal, pero en vez de llamar a los hombres y al equipo para combatir el fuego, ¡todo el mundo toma antorchas y latas de gasolina para poder prender fuegos «seguros»!

La octava causa, la más hablada y cruel, es el abuso sexual o involucrarse en estímulos sexuales demasiado temprano en la vida. El libro de Paula, *Healing Victims of Sexual Abuse* [Cómo sanar a las víctimas de abuso sexual], narra tristemente los efectos de las vejaciones, especialmente en el capítulo «Las profundidades de la devastación». No quiero repetir aquí este material, excepto para decir que Paula informa una y otra vez que las muchachas que han sido abusadas sexualmente, con frecuencia se vuelven promiscuas.

(Aunque los abusos sexuales y la estimulación precoz son obviamente muy personales, los ordeno bajo causas sociales para indicar que las estructuras familiares actuales se han desintegrado tanto que los problemas resultantes no son esporádicos sino epidémicos a través de toda nuestra sociedad.) Hemos comprobado que si los padres dejan que sus hijos compartan su cama por demasiado tiempo, o que estén en el mismo cuarto donde los ruidos y olores de la actividad sexual pueden estimularlos, los jóvenes son adversamente afectados. Ellos son estimulados sexualmente antes de que posean la comprensión, la madurez o las aptitudes sociales como para manejar sus sentimientos. «Yo os conjuro, oh doncellas de Jerusalén, por los corzos y por las ciervas del campo, que no despertéis ni hagáis velar al amor, hasta que quiera (Cantar de los Cantares 2.7). Cualquiera que sea la exégesis correcta de este versículo, ciertamente un significado *rhema* válido para los padres es: «No exponga a sus niños e hijos pequeños a experiencias sexuales estimulantes». A los niños no se les debe permitir ver escenas explícitamente sexuales, ya sea entre los padres, en las películas, en la televisión o en cualquiera otra parte. Hemos aconsejado a niños cuya prematura exposición se manifestó en ellos mismos en intentos de imitar las relaciones sexuales con otros compañeros de juego, acariciando sus propios genitales y los de otros, en utilizar un lenguaje crudo y ofensivo, en la adicción a la pornografía y al voyeurismo y, por supuesto, en la promiscuidad sexual en la adolescencia e infidelidad en el matrimonio. La lista de las dificultades y aberraciones sexuales provenientes de la temprana exposición es casi infinita.

El afecto entre los padres debe expresarse lo más frecuentemente posible. Pero la excitación sexual debe ser compartida entre el marido y mujer solamente a puertas cerradas. Ni debe permitirse la desnudez o impudicia delante de los niños, especialmente aquellos del sexo opuesto. Mi madre me enseñó cuidadosamente que las relaciones sexuales son privadas porque son santas y reservadas para parejas casadas. Nunca vi otra cosa que no fuese el recato, aunque mis padres eran profundamente románticos y muy enamorados, especialmente en mi temprana edad.

Mi padre era muy afectuoso con mi madre en nuestra presencia, pero nunca vi un toque sexual o escuché un comentario sugestivo o una broma subida de tono. El sexo era tratado en todos los momentos en nuestra casa como algo privado y muy santo y bueno. *Para la gente joven no hay un antídoto mejor para la tentación sexual que el ejemplo de los padres.* Obviamente, no hay nada más adversamente afectivo que los pecados y cosas impropias en que se encuentren los padres. Actualmente, muy pocos padres son conscientes de esto, fallando al no renunciar a sus propios deseos egoístas en razón de un sano crecimiento y correctas actitudes sexuales y con los consecuentes y horrendos resultados. Las normas morales y dispositivos de seguridad que guiaban y protegían a aquellos de nosotros que tenemos más de cincuenta años se han desgastado hasta quedar únicamente algunos vestigios de restricciones, ¡tan efectivas como una jaula de leones con barrotes de papel! Nuestra sociedad acostumbraba a estar caracterizada por una moral judeocristiana, con lo cual hasta un no creyente se sentía controlado y guiado por su presencia. Desde la Segunda Guerra Mundial, hemos visto todas las cosas rodar hacia abajo, más y más rápido.

Películas que se hubieran prohibido en la década de 1950 ahora se pasan como aptas para menores. Hemos visto cómo las malas palabras y la desnudez ya son comunes. Ahora, las relaciones sexuales explícitas no se clasifican con X, mucho menos proscriptas. Las novelas describiendo explícitamente las relaciones sexuales eran prohibidas. Actualmente, la mayoría de los novelistas creen que si no incluyen vívidas descripciones de actividades sexuales, sus obras no tendrán oportunidad de ser vendidas, ¡Y puede que tengan razón! Y así ocurre en todos los campos, revistas, novelas cortas, espectáculos de televisión, modas, espectáculos del desnudo, aceptación de aventuras amorosas en la oficina, fiestas de solteros que terminan en orgías, intercambio de esposas, sin mencionar las oscuras tácticas en la industria y la corrupción en todos los niveles del gobierno, ¡todo lo cual alienta a la gente joven a pensar que ellos pueden hacer cualquier cosa! La sociedad actual se ha vuelto decididamente anticristo. Ninguna familia cristiana puede asumir que su vecindario y su comunidad les ayudará a educar a sus hijos moralmente. Debemos reconocer que nuestra sociedad hará todo lo posible para destruir cualquier cosa que signifique algo para nosotros como cristianos. Si nuestros hijos deben ser escoltados con seguridad a través de la jungla de inmoralidad que habitamos actualmente, no hay un reemplazo para la vigilancia y la consagración, determinantes enseñanzas y modelo de virtudes cristianas.

Esto no significa que debemos volvernos demasiado «severos» y encerrar a nuestros hijos dentro de un estado de padres policías. Esto sería la manera más rápida de crear una rebelión y asegurar la inmoralidad. Es más, nuestras propias vidas como padres deben mantenerse sexualmente impecables. Las revistas *Penthouse* y *Playboy* no tienen lugar en un hogar cristiano. Las películas clasificadas con X están prohibidas lo mismo para los adultos igual que para los niños. Las películas clasificadas R deberían permitirse raras veces a los preadolescentes, y únicamente con fines educativos, no sea que nuestros hijos se conviertan en jóvenes adultos demasiado ingenuos para manejarse solos, incapaces de enfrentar los impactos y pecados del mundo.

Debe ser constante la asistencia a la iglesia y solamente a aquellas que creen y predican que la intención de Dios es lo que su Palabra dice. Aquellos que crían a los niños en iglesias en las cuales se da únicamente un servicio al Señor de labios para afuera y consideran sus leyes como irrelevantes en la actualidad, ¡no necesitan lamentarse que hicieron todo lo que pudieron por sus hijos cuando se presenten los problemas! Aquellos que crían a sus hijos en hogares e iglesias donde solamente se enseña el legalismo

religioso, muy frecuentemente impulsan a los jóvenes a la rebelión. Aquellos que demuestran por la calidad de sus vidas una go-
zosa y significativa relación con el Señor viviente que mora en
nosotros y camina con nosotros, que nos mantiene responsables a
la par que nos ama incondicionalmente, son los que preparan a
los jóvenes a estar parados moralmente en medio de nuestra perversa generación.

Por encima de todo, los padres necesitan dar un tibio afecto
humano a sus hijos. El amor verdadero para lo falso. Afectos sinceros aíslan a los jóvenes de la necesidad de toques inapropiados.
No deja vacíos que pueden ser llenados por la lujuria.

La educación y la comunicación de los padres rodean de sabiduría a los jóvenes . «Comunicación» significa intercambio lleno
de gracia, de persona a persona, no padres con cara de piedra eje-
cutando las «leyes» ante llorosos adolescentes. Educación significa *tiempo* compartido *con*. Dos citas del libro de Marshall
Hamilton, *Father's Influence on Children* (Nelson Hall, Chicago,
1977), muestran ese punto:

> La influencia de los padres ha sido un factor incluido ge-
> neralmente en los estudios de las causas de la delincuen-
> cia juvenil. En su estudio de 44.448 casos en Filadelfia,
> Monahan (1957) hace notar: «Para niños blancos, el
> porcentaje de todos los casos en la clase de reincidentes
> aumenta del treinta y dos por ciento cuando ambos pa-
> dres están casados y viven juntos, al treinta y ocho cuan-
> do el padre está muerto y el muchacho vive con la madre,
> al cuarenta y dos cuando ambos padres se han muerto y
> el niño vive con una familia adoptiva, al cuarenta y seis
> cuando los padres viven separados y el niño está con la
> madre, al cuarenta y nueve cuando los padres están di-
> vorciados, al cincuenta y cinco cuando el muchacho vive
> con su madre soltera» (p. 257). Él menciona normas pa-
> recidas para las niñas blancas y para niños de color de
> ambos sexos (p. 22).

Hoffman (1971) observó los efectos de la ausencia de los padres en un desarrollo a conciencia efectuado a cuatrocientos noventa y siete niños blancos de séptimo grado ... Los niños sin padres presentaban una puntuación más baja en culpabilidad máxima, juicio moral interno, aceptación de la culpa, valores morales, conformidad con las reglas, y una puntuación más alta en abierta agresión. No existían diferencias importantes para las niñas. Hoffman razonó que era la ausencia de un modelo paternal lo que llevaba al pernicioso efecto de la ausencia de los padres (p. 27).

El mejor antídoto humano a la influencia social ha sido y siempre lo será los padres que se toman el tiempo de estar *con* sus hijos, y que les enseñan el modelo cristiano.

Causas personales de la fornicación

La principal causa de la fornicación es el fracaso de los padres. Jean Piaget, un sociólogo moral francés, propuso una ley que encontramos absolutamente bien cierto: «Si un joven se mantiene puro, ama y respeta a su padre y a su madre». Lo contrario es igualmente cierto: «Si un joven comete fornicación, aborrece y le falta el respeto al padre y a la madre».

(No me estoy refiriendo aquí a las disfunciones sociales generales, sino a las fallas comunes de muchos padres. Tampoco quiero decir que se debe culpar totalmente a esos padres; tanto los jóvenes como los adultos deben cargar con la responsabilidad de sus propias elecciones.)

Cada niña que está creciendo «sabe» que ella es un regalo de Dios capaz de robar el corazón de su padre. Si él le presta una afectuosa atención y se comunica frecuentemente con ella, conocerá más adelante su valor como mujer. Descubrirá lo que es ser femenina cuando experimente la relación hombre-mujer en el «seguro lugar» dentro del corazón de su padre. Sus atenciones construirán sanos «lugares donde podrá cobijarse» mas tarde quien llegue a ser su esposo.

Aconsejé a mujeres que ganaron concursos de belleza. Pero cuando les pregunté si eran bellas, la respuesta inmediata era: «¡No!» Por otra parte, algunas mujeres en realidad sin atractivo alguno dijeron sin vacilar: «¡Si, yo creo que soy hermosa!» La diferencia radicaba en si sus padres la habían lisonjeado y dado apoyo o no.

Si el padre es desatento o abusivo (física o emocionalmente), mutila su capacidad de conocerse como una persona valiosa. Si la denigra o la abusa sexualmente, su autoestima será quebrada. Las muchachas que no pueden resistir los avances sexuales casi siempre tuvieron padres que en el mejor de los casos no sabían cómo criarlas, o en el peor hicieron cosas que destruyeron su capacidad de darle valor y proteger su castidad. En la mayoría de las que cayeron, la consejería reveló fuertes necesidades de castigar a sus padres o de quitarles su gloria.

Si una muchacha no recibe suficientes caricias de afecto y afirmación, un gran agujero se forma en su corazón, que necesita sea llenado. Mas adelante, cuando un muchacho comience a tocarla y a abrazarla, puede que ella descubra que no quiere detenerlo. No es que desee tener relaciones sexuales. Lo que desea es que la acaricien, sentirse elegida y apreciada. Pero es posible que ella no sepa que la mayoría de los muchachos no pueden abrazar a una chica sin que comiencen a excitarse hasta el punto de presionarla para llegar más lejos. Al poco tiempo están tan excitados que se vuelven insistentes. Ella quizás no tenga entonces la fuerza moral o física para negársele.

Una vez que se ha entregado, varias cosas pueden llevar hasta la promiscuidad incluso a una chica cristiana con convicciones. Primero, la han despojado de su autoestima y de su gloria, por lo que dirá: «¿Por qué no voy a conseguir todo lo que puedo de los muchachos y de las relaciones sexuales?» Segundo, ella ha sido despertada y excitada sexualmente. Su cuerpo y su corazón han descubierto lo que Dios ha destinado que fuera la cumbre de la intimidad (pero solamente dentro de los confines del matrimonio), y aunque su conciencia le advierte, es atraída como nunca antes por el poder del impulso sexual.

Tercero, pronto su fama corre. Los hombres generalmente reciben información de quién es «fácil». Cuarto, su resolución en Cristo disminuye. La aversión, la vergüenza, el temor a las enfermedades y al embarazo, o la conciencia cristiana pueden amonestarla de tiempo en tiempo, pero cada vez que cede se desliza más cerca a: «Ah, qué importa, da igual». Finalmente, simplemente se abandona y se entrega completamente.

Algunas jóvenes cristianas, por la gracia de Dios, vuelven arrepentidas. La aversión y la vergüenza finalmente fortalecen su resolución por encima del ataque, o el amor por el Señor reviven y castigan su corazón tan dolorosamente que no vuelven a caer. Pero aunque se convierta en una apasionada y humilde sierva del Señor, el precio no vale la pena. El gozo de poder ser algo especial y único para un solo hombre se ha ido para siempre. *La virginidad puede entregarse una sola vez; nunca puede ser recuperada.* El amor nunca más podrá tener otra vez la frescura, la delicia y la gloria de un mutuo descubrimiento destinado a ser reservado solamente para la luna de miel.

Las jóvenes pueden conocer su femineidad también con el ejemplo de sus madres. Si una madre es digna de ser imitada, su hija es doblemente bendecida; primero, ella es ratificada en la virtud de convertirse en la persona femenina para la que fue creada; segundo, tiene una persona modelo a quien seguir y quien le invita y estimula a que obtenga sus cualidades femeninas. Su femineidad se vuelve entonces sagrada, algo digno de ser protegido.

He hablado con muchas jóvenes cristianas que cayeron en la promiscuidad o en la frigidez al ver en lo que se transformaban sus madres y la consecuente sensación de repugnancia. La promiscuidad proviene exactamente de la misma raíz que la frigidez, la incapacidad de entrar en verdadera intimidad y unión. Ambas, la promiscuidad y la frigidez surgen en mujeres que en esto no pueden ser vulnerables, porque no pueden creer que alguien pueda ver y apreciar en ellas lo que eran en realidad. Como un hecho real, una mujer es el amoroso aliento de Dios expresado a través de un cuerpo y personalidad deseables. Pero ella piensa que es un problema, porque el ejemplo de su madre le dijo esa mentira.

¡La promiscuidad jamás prepara a una muchacha para ser una mejor amante de su esposo! Siempre es incapacitante. He aconsejado a centenares de jóvenes que han comprado la mentira de Satanás de que la experiencia sexual premarital los prepara para ser mejores amantes cuando se casen. Las relaciones sexuales antes del matrimonio, con otros o con el futuro cónyuge, ¡siempre resulta en daño a la capacidad de amar en santidad! Habitualmente, cuando las parejas vienen a mí debido a la incapacidad de gozar de las relaciones sexuales matrimoniales, trato de ver si uno o los dos han sido promiscuos. Casi siempre encuentro que este ha sido el caso.

La mayoría de las feministas que Paula y yo hemos conocido estaban encadenadas por la incapacidad de aceptar lo que eran como mujeres. Proyectaban sus guerras internas hacia cruzadas externas para defender los derechos de las mujeres. (No obstante, algunas mujeres están sana y correctamente preocupadas en promover la causa de las mujeres, tanto por los hombres como por ellas mismas.)

Un muchacho aprende lo que es ser un hombre al relacionarse con su padre. La palabra «caballero» para mí significa «mi padre, el *caballero* George». Nunca escuché decir a mi padre una sola palabra irrespetuosa a mi madre. Nunca lo oí decir malas palabras ni levantarle la voz. Yo tenía diez años cuando descubrí que mi madre tenía otro nombre aparte de mamá o «querida». En todo tiempo vi darle afecto y gran respeto. Su ejemplo escribió en mi corazón: «Esto es lo que quiero ser». Me dijo lo que era ser un hombre. Crecí deseando respetar y estimar lo que es una mujer debido a que mi padre me enseñó la naturaleza de un hombre.

Él era, además, fiel a mi madre y a los votos del matrimonio. Nunca le escuché chistes sexuales sucios o encontré entre sus cosas cualquier tipo de pornografía. Mi hermano y yo sabíamos que si proferíamos la más pequeña palabra o tono irrespetuoso hacia nuestra madre, ¡tendríamos que enfrentarnos con un «tigre»! Nunca se nos permitió contestarle insolentemente o actuar en ninguna otra forma que no fuera respetuosa. Si lo hacíamos, su temperamento aparecía prontamente, y eso estaba bien. Mis hijos fueron criados de la misma manera.

Mi madre me enseñaba cuidadosamente: «Jackie (así me llamaba), nunca un hombre dice malas palabras delante de una mujer. Un hombre no es hombre cuando le pega a una dama. Un hombre siempre trata a su esposa con respeto, como a una dama». Estas enseñanzas encontraron en mí un lugar donde arraigarse debido a que mis padres daban el ejemplo. Todo esto significa que existen límites dentro de mí que no puedo traspasar. El respeto por la personalidad de las mujeres está asentado dentro de mí. No puedo pretender ningún mérito. Solamente puedo alabar y dar gracias a Dios por los padres que me dio.

Mi madre tenía sus errores. Sus críticas eran como una daga que muchas veces me dejaba sangrando emocionalmente. Cuando esto le sucede a los muchachos, puede desarrollarse una necesidad de violar a las mujeres. El resentimiento hacia sus madres es una de las más grandes razones por las que los jóvenes cometen fornicación. Pero el ejemplo de mis padres construyó una valla alrededor de mí que mis resentimientos no pudieron tirar abajo.

Un muchacho aprende como cosa secundaria acerca de lo que es ser un hombre, al relacionarse con su madre. Si su ejemplo es bueno, él adquiere respeto por todas las mujeres y desea relacionarse correctamente con ellas. Si las manos de ella son suaves en tiempos de dolor, sus palabras tranquilizadoras y edificantes, su corazón un lugar de seguro hospedaje para sentimientos bajos o elevados (Proverbios 31.11-12), su corazón aprende a confiar como en el cuidado de una esposa. Él entiende su papel de hombre hacia la mujer observando el lugar que su madre le da a su padre. Si ella le da honor y estima, evocando nobleza, su hijo deseará ser un protector y proveedor, que desea dar su vida para el bien de su esposa.

Si por el otro lado, ve a su madre castrando emocionalmente a su padre, algo en él retrocede. Aprende a recluirse y a atacar antes que lo ataquen. Si lo humilla con su lengua y le demuestra falta de respeto y desaprobación, el hijo se resentirá con ella, esté consciente o no de sus sentimientos. Por causa de esas raíces de amargura, espera que la mujer de su vida lo trate como su madre a su padre, y prepara sus defensas de antemano para tener una mujer pero no unirse a ella de corazón. No puede unirse a ella en lo íntimo.

La falta de respeto de las mujeres lo hará incapaz de honrar la sacrosanta naturaleza de la sexualidad de las mujeres. Las mujeres se transforman en «objetos de juego» para ser usadas y luego apartadas. *Penthouse* y *Playboy* (y otras revistas pornográficas) atraen a los hombres que siguen siendo niños en su corazón, incapaces de la fusión e intimidad de un verdadero matrimonio. Un respeto profundamente enraizado extingue los fuegos ilícitos del deseo sexual en hombres jóvenes o maduros. Pero los hombres que fueron educados por madres que deshonran sienten la necesidad de castigar, aprovechar y corromper a las mujeres. Buscan momentáneos cosquilleos agradables de la carne más que el respeto mutuo y la satisfacción a través de los años.

Los adolescentes cristianos que tuvieron padres buenos y afectuosos han sido equipados para resistir las presiones de la sociedad de nuestros tiempos. Generalmente, estos adolescentes permanecen vírgenes. Si caen, es frecuentemente por circunstancias arrolladoras. Pero los adolescentes que recibieron una pobre educación están mal equipados y desarmados. Salvo que intervenga la gracia de Dios, perderán su virginidad y probablemente se volverán promiscuos.

Cuando nos rodean las tentaciones, el factor decisivo es lo que se ha anidado en nuestro corazón desde nuestra niñez (Proverbios 22.6).

La segunda causa más importante de fornicación entre los cristianos es «ir en serio». Ir en serio no tiene nada de malo. Es el más común de los preludios de los propósitos matrimoniales. Pero muchos jóvenes fallan en comprender el dinámico incremento de poder sexual cuando profundizan en las relaciones. Compartir es el trampolín hacia la intimidad. Al crecer la convivencia y las experiencias vividas juntos, nuestros corazones se abren más y más hacia el otro, nuestros cuerpos naturalmente esperan participar en esa unión. Los sentimientos de ternura buscan expresarse en toques sexuales.

Cuando era niño, teníamos cuevas favoritas para nadar en los ríos del sur de Kansas. Pero muy pronto aprendimos que nunca podíamos saltar dos veces dentro del mismo río. Donde el río había sido profundo, ahora era vadoso y viceversa. Con las relaciones pasa igual. Nunca se sabe cuando el corazón puede quebrarse y abrirse y dejar caer las barreras de la resistencia sexual. Un joven puede pensar que se ha medido bien a sí mismo y a su amante, y así permanece a salvo y correcto por varios días. Pero al día siguiente pueden crecer las pasiones sexuales por encima del nivel «seguro», y uno se puede encontrar de pronto incapaz de controlar sus emociones o sus actos.

¡Cuán perverso es que esos escollos ocultos se presenten con mucha frecuencia cuando la pareja piensa que no hay problema! Después de una pelea, por ejemplo, él puede pensar que ella ya no quiere saber más nada de él. Mientras que en realidad el dolor y la perspectiva de soledad han convencido finalmente al corazón de ella: «No me puedo permitir perder a este joven». El deseo de ella de conservarlo puede vencer su sabiduría y su contención. O, luego de un tiempo de separación, ellos pueden pensar que deben reconstruir la relación lentamente y que el deseo ya no podrá vencerlos nuevamente. Pero es cierto el viejo dicho: «La ausencia hace crecer al corazón más cariñoso». O, cuando el acuerdo de abstenerse de pasiones fue una mutua decisión duramente ganada, se relajarán y pensarán que pueden confiarse. Pero puede que ignoren que su verdadera lucha por la mutualidad ha abierto sus corazones el uno hacia el otro tan profundamente que sus pasiones están listas para encontrar satisfacción sexualmente.

La tercera causa personal más importante de fornicación entre los cristianos es el temor al rechazo. Incontables mujeres jóvenes nos han confesado a través de los años que: «No quería hacerlo, pero tenía miedo de perderlo». De alguna forma se tragaron la mentira de que entregándose iban a reforzar la relación. Después de la boda, la amorosa entrega mutua unirá los corazones. Antes del casamiento, desagrada al espíritu del hombre, aunque crea que está encantado. El respeto ha perdido su brillo.

Las relaciones sexuales después del matrimonio aumentan el santo respeto por el otro. Antes, puede demolerlo. Muchos jóvenes a punto de formalizar sus relaciones se han sentido defraudados por el «regalo» prematuro y se han separado. Si el compromiso continúa, la pareja comenzará su vida matrimonial con heridas en el corazón y preguntas sin responder en la mente. Ella puede albergar la idea de que él se aprovechó de ella y sentirse avergonzada. Ambos pueden quedar con el temor de que el otro no pueda resistir las tentaciones. La capacidad de confiar plenamente puede quedar irremediablemente aplastada. (Debemos acordarnos que estamos hablando de cristianos bien intencionados. Los que no son cristianos pueden estar tan muertos en su conciencia como para encontrar esto irrelevante.)

La cuarta causa personal más importante de fornicación entre los cristianos desprevenidos es el súbito mensaje del corazón y del espíritu: «Este es el escogido». En la primavera de mi penúltimo año en la universidad, después de que Paula y yo habíamos estado saliendo constantemente por cerca de seis meses, mis padres tuvieron que declararse en bancarrota. Yo anuncié un día durante una comida familiar que parecía que no iba a poder volver a mi último año. Paula supo por el dolor en su corazón que yo «era el escogido», e inmediatamente sus defensas se evaporaron. Todo en su interior decía: «Adelante, está bien». Su conciencia simplemente se cerró. Mientras que antes nos habíamos controlado fácilmente, tuvimos que luchar por contenernos.

Una quinta razón acompaña a la cuarta: noviazgos muy largos. Nuestro hijo Tom conoció a Victoria al final de su tercer año en el colegio secundario. En ese otoño, sabían que estaban hechos el uno para el otro. En la primavera del último año de él y penúltimo de ella, ya estaban comprometidos. Durante todo su primer año de universidad, volvió a casa todos los fines de semana para estar con Victoria. Tim tenía más sabiduría y restricción de lo que yo me había dado cuenta; sabía que Victoria tendría que quedarse un año de universidad lejos de su casa sin estar casada. Por lo tan-

111

to, esperaron. Su compromiso duró dos años y medio, normal para la época de mis abuelos pero increíblemente largo para nuestros días. Hace poco nos contaron cuánta lucha tuvieron. Se refugiaban en actividades grupales. Dado que su universidad permitía hombres y mujeres en los dormitorios a cualquier hora del día o de la noche, siempre dejaban la puerta bien abierta. Otros estudiantes pasaban y «atentamente» cerraban la puerta, pensando que querían privacidad. Obstinadamente, la volvían a abrir. Aunque Victoria poseía un televisor en su cuarto, iban al comedor a mirar la televisión, juntos con los demás. No obstante, nos contaron que eso fue todo lo que podían hacer para llegar vírgenes a su casamiento, aun con cristiana determinación y mucha oración. Dicen: «Nunca aconsejaríamos a las parejas a que tengan compromisos prolongados». Una parte del problema de los compromisos prolongados es que al negarse por tan largo tiempo, cuando todo entra en su normalidad, la pareja no puede sencillamente dar media vuelta y disfrutarse. Demasiados mensajes «no» han sido enviados al «centro de control». Reprogramarlos toma tiempo.

Cómo prevenir la fornicación

Primero, involúcrese en un grupo juvenil cristiano. Pero sea precavido al elegirlo, pues lamentablemente algunos se han vuelto muy carnales. Nuestro hijo Mark, esperando encontrar compañerismo moral cristiano mientras estaba en el seminario, estuvo unido a un grupo de solteros de una iglesia cercana. ¡Se sorprendió y se ofendió cuando encontró a estos jóvenes alabando a Dios a viva voz durante los fines de semana mientras la mayoría fornicaba toda la semana! Esperamos que esta sea la excepción más que la regla. Hay que alentar especialmente a los jóvenes para que busquen sanas actividades en grupo y que eviten la soledad y tengan tiempo para la tentación.

Segundo, pase tiempo con una o ambas familias, especialmente con los padres. Esto no solo proporciona chaperonas preparadas, sino que construye relaciones de respeto que sirven como control de pasiones.

Tercero, pasen juntos un tiempo limitado. Las parejas sabias se limitan a una o dos salidas por semana. Rechazan los deseos de estar juntos cada minuto del día y de la noche. «La intimidad genera el desacato», desacato a lo sagrado del sexo y del cuerpo.

Cuarto, lean las Escrituras y oren Juntos. ¡Invitar al Señor a estar en el sofá hace maravillas en las ardientes pasiones!

Quinto, evite compromisos potenciales o situaciones de tentación. Paula y yo nos hemos espantado al escuchar a jóvenes cristianos planeando despreocupadamente estar juntos solos en la cabaña de un amigo. Aún los cuartos de motel separados en viajes largos bien pueden convertirse en uno. Para las parejas cristianas que tratan de mantener la moralidad, la privacidad es la compañía más peligrosa.

Sexto, manténgase apartado de fiestas donde se sabe que el alcohol o las drogas estarán presentes. Las parejas que se abstienen del alcohol y las drogas necesitan estar consciente que la contaminación de la empatía de otros menos rectos puede invadir y desarmar el buen juicio. Algunos se deleitan cuando las parejas morales caen en pecado. A veces no se cohíben cuando introducen alcohol o drogas en la comida o en la bebida aparentemente inofensiva. Sabemos de un joven recto que enloqueció cuando alguien le introdujo SLD en su bebida gaseosa, y de una joven virgen que se convirtió por propia voluntad en víctima de una violación sexual por parte de una pandilla cuando fue afectada por una bebida aparentemente inocente.

Séptimo, adoren en la iglesia y sirvan a Cristo juntos en un ministerio. No obstante, los cristianos deben tener cuidado. Compartir demasiado las labores lleva a relaciones que desean expresar el amor más fervientemente. Muchos se han sorprendido al sentir pasiones sexuales que crecen inmediatamente después de un gran tiempo de adoración con el Señor. La nuestra es una fe personificada. No hay manera de separar las partes de nuestro ser como para que se exciten espiritualmente, pero no emocional ni físicamente.

Muchos cristianos se han creído a salvos de la tentación porque estaban experimentando un elevado sentir del espíritu. Pensaron: «Seguramente Satanás no puede tentarme cuando estoy tan lleno del Espíritu». Pero Satanás vino para probar a nuestro Señor *durante* su ayuno de cuarenta días, cuando con seguridad estaba más cerca de Dios (Mateo 4.1-11). Estar en el espíritu no nos protege; como eleva nuestras emociones y sentimientos, estamos más expuestos a tentaciones sexuales o de otra índole que en cualquier otro momento. Muchos poderosos hombres de Dios han caído por no comprender esta simple realidad de nuestra creación. La santidad del servicio y las horas que pasamos trabajando para otros pueden fortalecer nuestra resolución de permanecer morales. Pero no debemos aflojar por ello nuestra vigilancia y pensar que estamos seguros por estar en la presencia de nuestro Señor.

Aunque antes he dicho que estar en la presencia del Señor ayuda a manejar la contaminación, y esto sigue siendo cierto, el estar en su presencia no evita la tentación. La contaminación proviene del exterior, pero la tentación crece desde adentro. Las elevaciones del espíritu nos activan, y permiten que toda clase de pasiones se activen.

Cómo sanar cuando uno cae en la fornicación

La confesión es siempre lo adecuado, y cuanto antes, mejor. Los clérigos y sacerdotes obviamente son los mejores para confesarse. Pero una persona joven puede ser ayudada grandemente por un cristiano maduro con conocimientos. (Los católicos romanos o miembros de denominaciones episcopales y sacramentales deben recordar que su iglesia exige normalmente que la confesión sea efectuada ante las debidas autoridades.)

El que se confiesa deberá buscar las ayudas siguientes y, de no ser confiables, deberá seguir buscando hasta que así sea:

Uno, el confesor que oye la confesión debe conocer su autoridad para perdonar los pecados y expresarlo así debidamente (Juan 20.23 y Santiago 5.16).

Dos, el confesor debe saber cómo investigar las raíces que causaron la fornicación. Si el confesor no es capaz de lograr el crecimiento del perdón en el penitente por su padre (o por cualquiera que pueda haber causado el crecimiento de esa raíz) es probable que esa persona vuelva a fornicar (Mateo 3.10 y Hebreos 12.15).

Tres, el confesor que oye la confesión debe saber cómo separar los espíritus que han cohabitado (1 Corintios 6.15-16 y Hebreos 4.12).

Cuarto, el confesor que oye la confesión debe saber cómo decir oraciones profundas y limpiadoras, hasta que la persona se sienta libre y sana nuevamente, debiendo hacer el penitente más adelante un valioso regalo al cónyuge (1 Corintios 6.11 y 2 Corintios 5.17). La autoestima debe ser restaurada.

Cinco, instrucciones de la Palabra de Dios respecto a la santidad del sexo deben ser seguidas por amonestaciones de no pecar nuevamente (1 Corintios 6.8-20 y Juan 8.3-11).

Sexto, se debe dar algún consejo e instrucción respecto a la otra persona que estuvo involucrada en la fornicación. Si a las dos partes que pecaron se les permite reanudar su anterior relación, existe la posibilidad de que la fornicación ocurra nuevamente. Deberán permanecer apartados o se deberán introducir algunas fuertes salvaguardias hasta que el tiempo los distancie o el matrimonio permita la copulación.

Siete, si la fornicación ha sido conocida públicamente, deberá intentarse una reconciliación y aceptación con los padres y otros miembros de la familia (o con quien haya estado involucrado).

La sabiduría dice que la discreción deberá sellar los labios de todos. Si los padres *no* tienen conocimiento de ello, la divulgación del pecado puede ser más dolorosa que útil. Quizás los amigos no tienen por qué enterarse. La sanidad debe buscarse siempre que se sepa de fracturas y heridas. Pero las ascuas que se van apagando no necesitan ser removidas innecesariamente.

Algunos que cometieron fornicación y consiguientemente pidieron y obtuvieron el perdón nos han preguntado si deberían revelar su pasado a su prometido. Nosotros creemos que la sinceridad es la mejor política. Nunca está bien comenzar un matrimonio ocultando secretos. Si uno no puede soportar el conocimiento de toda la verdad acerca del otro, la relación no será capaz de soportar las presiones del matrimonio y no debería permitirse que continúe. No obstante, los amantes sabios deberán ser lo suficientemente sensibles como para saber dónde, cómo y cuándo compartir cuánto. Oren para que el Señor provea la mejor oportunidad.

La sensible sinceridad no quiebra la confianza, la establece. Las mentiras y los secretos se convierten en minas terrestres que esperan que las pisen. Es mejor hacerse cargo ahora de sus defectos y fallas que ser herido luego por las revelaciones.

Nuestros espíritus presienten las cosas no tratadas. La frustración hace que nuestros espíritus hostiguen a nuestras mentes que algo no está bien, y eso hace que las relaciones se vuelvan agudas y tensas. Pidan juntos al Señor que sane el pasado. Comiencen la vida juntos, limpios y libres.

Por último, los padres pueden destruir a los jóvenes cuyos pecados se han hecho públicos. Un padre que grita: «¡Eres una prostituta!», hace perder el derecho que nos dio Dios de ser consolado y restaurado. La condenación no tiene lugar en Cristo (Romanos 8.1). El perdón necesita ser acompañado por la compasión, repetidas muestras de aceptación y del propio arrepentimiento de los padres que por sus faltas (y generalmente hubo algunos) pusieron en peligro a su hijo.

Si existe embarazo, no debe ni siquiera pensarse en el aborto. La joven necesita que se le asegure que sigue perteneciendo a la familia y también la criatura que está dentro de ella. No es sabio *forzar* a una hija a que renuncie a su hijo para que otros lo adopten. Cuidadosas conversaciones deben allanar el camino para decisiones llenas de oración que respeten completamente los deseos de ella y del padre y los de los futuros abuelos. El niño deberá ser mantenido con la familia, dentro de lo posible con la madre. Si ella es demasiado joven y por alguna u otra razón necesita ayuda para cuidar del niño, sus abuelos o un familiar pueden tenerlo hasta que la madre sea capaz de asumir sus deberes maternales. Se pueden y deben hacer arreglos, con esta clave en mente en todo momento: somos llamados por Dios para proveer lo mejor que podemos para la vida de este niño que aún no nacido, *dentro de la familia*. Esta responsabilidad tiene prioridad número uno en cada una y todas las deliberaciones.

A pesar de ser asuntos muy serios, la pérdida de la virginidad y consecuente embarazo no son el fin del mundo y no deben ser tomados así. El Cuerpo de Cristo es llamado para ser un cuerpo de amor sanador. Una joven de nuestra iglesia concibió a un niño fuera del matrimonio. Nuestro hijo Loren que era el pastor, dijo a la congregación durante el tiempo de la dedicación: «Todos ustedes conocen las circunstancias del nacimiento de este niño. No sabemos cuánto tiempo va a transcurrir hasta que este niño tenga un padre. Si hay algún hombre en esta congregación que quiera adelantarse para estar de pie al lado de la madre y compartir sus votos de educar al niño de una manera cristiana, que se adelante».

¡Todos los hombres de la congregación se levantaron como uno solo y se pararon y tomaron esos votos! Algunos no pudieron hacer más que eso. Otros lo recogían después de la Escuela Dominical y lo felicitaban por sus esfuerzos. Algunos lo llevaban a las comidas campestres y a los juegos de pelota. Cuatro años después, uno de los hombres que estuvo a su lado el día de la presentación, se enamoró de la madre y se casó con ella. En la actualidad, ese muchacho, que tuvo cien padres de pié a su lado, tiene un padrastro que lo quiere de verdad, y su madre nunca conoció la condenación o el rechazo. Se siente como una digna, amada y honrada miembro de una iglesia que estuvo a su lado en su tiempo de necesidad.

5

La pornografía, el voyeurismo, las fantasías y la masturbación

Definiciones

Defino como *pornografía* el acto de ver materiales lascivos tales como fotografías, revistas y novelas, y películas «para adultos» clasificadas (en realidad infantilmente) con X. Yo defino como *voyeurismo* el compulsivo deseo de espiar u observar a las personas desvestirse, moverse desnudas o tener relaciones sexuales. La pornografía es entonces ver objetos no animados que representan cuerpos y relaciones sexuales lascivamente, mientras que el voyeurismo es mirar con lascivia a las personas en vivo.

La pornografía y el voyeurismo llevan a veces a la fornicación, al adulterio y a la violación, pero este no es el tema al cual me dirijo. La pregunta es: «*¿Por qué caen los cristianos en estos pecados?*» El problema no es meramente por qué algunos cristianos se involucran en la pornografía, el voyeurismo, las fantasías y la masturbación, sino por qué se tornan ciegamente adictas y compulsivas acerca de estas actividades. La iglesia hoy en día se pregunta cómo y por qué tantos cristianos bien intencionados pudieron verse mezclados en estas trampas de la carne como las que han escandalizado la fe en estos tiempos.

Desde el momento en que Adán y Eva supieron que estaban desnudos y cosieron hojas de parra para cubrirse (Génesis 3.7), toda la humanidad ha sido acosada por impulsos sexuales. Es normal poseerlos; no es normal lo contrario. «Normal» no significa «está bien», sino «común a todos». La mayoría de los pequeños niños y niñas juegan al «doctor y la enfermera» con cierta frecuencia. Aun antes de los años de la adolescencia, cuando las hormonas se encienden y «el cerebro se apaga», los niños juegan con sus órganos genitales y se estimulan.

La mayoría de los muchachos adolescentes, y algunas de las muchachas también, se surten de revistas pornográficas y se sienten deliciosamente pecadores mientras las ojean nerviosamente. Cosas semejantes, comunes a la mayoría de la niñez, aún no son adictivas o compulsivas. Los adolescentes pasan rápidamente a la madurez. Los cristianos nacidos de nuevo aprenden con la oración a vencer la «codicia de los ojos» y controlar impulsos sexuales impropios. Sus experiencias pecadoras de la niñez y el consecuente arrepentimiento le sirven para armar sus mentes con señales de advertencia y con la sabiduría de refrenarse. No tenemos que temer a los comunes juegos pecaminosos de la niñez; estos no son los que crean o causan adicciones y compulsiones.

Nuestra pregunta es por qué algunos cristianos fracasan al pasar por esto, por qué no pueden aprender de estas experiencias como lo hacen otros y entonces dejarlas. Por qué en algunos la fascinación sexual se vuelve tan adictiva y compulsiva que, por ejemplo, ¡evangelistas de la televisión de jerarquía internacional pueden poner en peligro ministerios mundiales de muchos millones de dólares y, lo que es aun más importante, la reputación del Cuerpo de Cristo por causa de algunas horas de pecado! La gente se pregunta cómo algo se puede volver tan ciegamente adicto.

Porque mientras estábamos en la carne, las pasiones pecaminosas que eran por ley, obraban en nuestros miembros llevando fruto para muerte (Romanos 7.5).

Mas el pecado, tomando ocasión por el mandamiento, produjo en mí toda codicia; porque sin la ley el pecado está muerto. Y sin la ley vivía en un tiempo; pero venido el mandamiento, el pecado revivió y yo morí; y hallé que el mismo mandamiento que era para vida, a mí me resultó para muerte; porque el pecado, tomando ocasión por el mandamiento, me engañó, y por él me mató (vv. 8-11).

Las leyes de Dios son santas y buenas. Su propósito, no obstante, *no* es hacernos capaces de hacer el bien sino de convencernos del pecado (Romanos 3.19-20). Solamente la gracia de nuestro Señor Jesucristo nos aparta del pecado.

¡Pero esos pasajes indican que la Ley es la causa de que pequemos! ¿Cómo?

Todos nacemos con deseos profanos. Ellos vienen como una parte del paquete de ser humanos a la semejanza de Adán y Eva. «La necedad es parte del corazón juvenil, pero la vara de la disciplina la corrige (Proverbios 22.15, NVI). Dada la naturaleza pecadora que todos poseemos, cuando los «no, no» son puestos delante de nosotros (y debe ser así), pueden pasar dos cosas insalubres: Una, crece la rebelión, ¡tentando e impulsándonos a hacer las cosas que la Ley verdaderamente dice que no! Los cristianos manejan normalmente con facilidad estas rebeliones a través de la oración. Para muchos cristianos el andar con libertad es casi automático.

Dos, se manifiesta una dinámica de supresión y de expresión. El completo tratamiento de este tema puede ser encontrado en nuestro libro, *Restoring the Christian Family*, capítulo 16, titulado: «Death Under the Law, but Life in the Spirit» [Muerte bajo la Ley, pero vida en el Espíritu]. (Sugiero que los lectores aprovechen mejor estudiando primero ese capítulo antes de seguir leyendo. Mucho de lo que yo digo aquí puede perderse o ser mal interpretado sin la adecuada comprensión de la dinámica de la supresión y la expresión.) Es suficiente decir que cuando tratamos de ser rectos, no por la gracia sino por nuestros propios esfuerzos, debemos suprimir los impulsos sucios.

Si aflora, por ejemplo, un impulso sexual impropio y no sabemos cómo liberarnos de él en oración al Señor, debemos entonces negarle expresión a este impulso. Lo suprimimos y nos negamos a actuar sobre él. Eso de ninguna forma termina con su actividad; solamente la redirige. Los sanos impulsos que se niegan son ventilados por caminos perversos. ¡Y mayor supresión solamente multiplica la necesidad de expresión!

Es igual que mantener una pelota de tenis debajo del agua, ¡cuánto más uno la empuja hacia abajo, más poder recibe para emerger y saltar hacia afuera! Una vez que el cristiano se traga la mentira de que debe ganar la batalla (en su carne), cae dentro de una cada vez más acelerada dinámica de guerra interna (desde el momento en que no puede vencer mediante una sosegada oración debe dejar que el Señor crucifique sus malos deseos). En proporción a su determinación de obedecer la Ley, en este grado la Ley y su naturaleza pecaminosa se combinan para impulsarlo a inmanejables compulsiones. ¡Por esta razón, las personas religiosas caen en grandes pecados sexuales!

Esto es lo que Pablo quiere decir cuando manifiesta lo que he citado anteriormente. Veámoslo nuevamente, esta vez observando el énfasis:

Mas el pecado, tomando ocasión por el mandamiento, produjo en mí toda codicia; porque sin la ley el pecado está muerto. Y sin la ley vivía en un tiempo; pero venido el mandamiento, el pecado revivió y yo morí; y hallé que el mismo mandamiento que era para vida, a mí me resultó para muerte; porque el pecado, tomando ocasión por el mandamiento, me engañó, y por él me mató (Romanos 7.8-11).

En efecto, Adán y Eva dijeron a Dios: «No dejaremos que tú nos levantes. Lo haremos por nuestra cuenta». Nuestro sabio Padre sabía que si la humanidad iba a tratar simplemente de vivir de acuerdo a sus mandamientos (necesario para la carne porque el Espíritu Santo aún no había llegado), descubriríamos que no podíamos hacerlo. En esa forma, nos daríamos cuenta de nuestra desesperada necesidad del Salvador.

Él lo sabe cada vez que decidimos no actuar sobre el impulso de una forma prohibida por la Ley, porque no tendríamos otro recurso que negar esa expresión. Esa supresión crearía aún más fuertes necesidades de expresión:

> Así que, queriendo yo hacer el bien, hallo esta ley: que el mal está en mí. Porque según el hombre interior, me deleito en la ley de Dios; pero veo otra ley en mis miembros que se rebela contra la ley de mi mente, y que me lleva cautivo a la ley del pecado que está en mis miembros (Romanos 7.21-23).

El Señor sabe que mientras mayor sea nuestra determinación de tratar en la carne de vivir sus mandamientos, más rápido nos daremos cuenta de la imposibilidad de hacerlo sin Él. Dios nos dio la Ley para que *a través* de ella podamos ser llevados a nuestra muerte en su cruz.

La tragedia es que muchos cristianos tratan de vivir como Cristo sin permitirle a su inherente Espíritu hacerlo por ellos. En consecuencia, mientras más luchan los cristianos religiosamente bajo la ley, ¡más pronto y más excesivamente pueden explotar hacia los pecados! Cristianos que realmente quieren amar y servir al Señor rectamente terminan haciendo las cosas más extravagantes; Paula y yo hemos ministrado a mujeres que fueron a reconocidos consejeros «cristianos», los cuales, después de conocer que sus clientes tenían abusos sexuales suprimidos desde su infancia, las incitaron a que se desvistieran delante de ellos ¡y abusaron nuevamente de ellas! Esto era supuestamente para ayudarles a recordar lo sucedido y de alguna forma ¡aliviarlas de su opresión!

Llegamos a una ciudad donde un evangelista de renombre internacional sedujo y embarazó a una muchacha, y luego afirmó que ni siquiera la conocía. Nos llamaron para ministrar a sus padres y para que tratáramos de explicar cómo pudo suceder una cosa así.

Un pastor que conocemos se desesperaba por ir a escondidas a una tienda de películas de video en las afueras de la ciudad para conseguir películas clasificadas como X (cada vez que su mujer salía de la ciudad). Otro pastor periódicamente fantaseaba mientras se masturbaba (aunque su mujer era una amante normal). Puede ser difícil de creer que los cristianos de estos ejemplos querían en realidad vivir correctamente, pero así era. Cuando los cristianos no entienden las dinámicas de la supresión y la expresión, pueden ser impulsados por factores internos para hacer cosas que nunca creyeron posible. Las presiones pueden subir hasta que el sentido común y el discernimiento están destrozados y las leyes de Dios olvidadas o alejadas junto con el razonamiento.

Otro consejero «cristiano», siempre que se enteraba de que una mujer se consideraba frígida, efectuaba la común «terapia» de ir a la cama con ella y hacer el amor hasta que se excitara completamente, y entonces la enviaba rápidamente a su casa con su esposo para que pudiera hacer el amor antes que se enfriara. El consejero de otra mujer no solamente la seducía constantemente, sino que después de un tiempo trajo a otro hombre para observarlos mientras mantenían relaciones sexuales. Y así sucesivamente, pero he estimado no apropiado revelar algunas de las cosas mayores que nos han confesado las víctimas de líderes «cristianos» (véase Efesios 5.12).

Cada vez que los cristianos caen en un afán carnal de ser rectos, se colocan en una terrible dinámica que puede explotar en inimaginables expresiones de pecado. Una vez que se identifica una forma particular de pecado sexual como la manera de encontrar satisfacción para las fuerzas que nos impulsan internamente, dado que este pecado despierta más apetito que el que satisface, la frecuencia de la necesidad y lo escandaloso de lo que se necesita para «satisfacerla» inevitablemente aumenta. Digo que «puede explotar», porque no siempre sucede así. A veces interviene la gracia para enfriar las pasiones, o el ejecutor reconoce y detiene el juego engañoso de Satanás, o la repugnancia produce tal piadoso pesar que él llega al verdadero arrepentimiento (2 Corintios 7.9,10). Lamentablemente, no obstante, demasiados hombres y mujeres que tuvieron la determinación de vivir rectamente para Cristo, se encontraron atrapados por su afán en los pecados que verdaderamente ellos detestaban.

Algunos renombrados televangelistas de nuestros días han caído de esa manera, lastimando dolorosamente el Cuerpo de Cristo. Estos hombres necesitan nuestro perdón y nuestras oraciones. Debemos comprender el tipo de fuerza que los impulsó a ellos y a otros líderes cristianos, para poder orar apropiadamente.

La pregunta es, ¿por qué fallan las oraciones de tales hombres y mujeres? ¿Por qué son incapaces de encontrar una fácil liberación de los impulsos sexuales a través de su comunicación con Dios? ¿Qué es lo que les causa a ellos (y muchas veces también a nosotros) retroceder bajo la Ley? La regla es que donde importantes raíces malformadas de la infancia han sido sanadas, los cristianos pueden normalmente llevar tranquilamente sus impropios deseos e impulsos a la cruz. Todos nosotros estamos sujetos en ocasiones a impulsos pecaminosos. Generalmente podemos «reconocer» estas cosas como muertas (Romanos 6.11). Pero el corolario es que siempre que las raíces de corrupción se escondan debajo de la superficie, las oraciones de rutina y el reconocimiento no podrán llevar los impulsos sexuales a la cruz para que mueran.

Los factores no curados en el corazón hacen resurgir continua e insistentemente las pasiones y las prácticas pecaminosas, las cuales demandan entonces una expresión. Así, los cristianos oran con más vigor, tratando de controlar sus misteriosamente crecientes impulsos sexuales. ¡Pero eso es como pretender que durante un aguacero se pueda secar un río con una cuchara! Sus oraciones no detendrán sus pasiones.

La batalla parece ser toda suya, sin la ayuda del Espíritu Santo. Satanás toma ventaja y aumenta esa lucha. Frecuentes errores en aumento y tensiones consiguientes lo llevan a un frenético y carnal afán de controlarse a sí mismo. Existe la gracia, pero se ha ido para él. Ahora está atrapado en una dinámica de acelerada supresión y expresión bajo la Ley que lo conduce a una explosión.

Incontables cristianos han caído en esa trampa. Históricamente, cuando los estadounidenses comenzaron el gran movimiento hacia el oeste en el siglo diecinueve, el Espíritu Santo tuvo que trazar un plan para alcanzar a una población que se movía rápidamente. La respuesta fue el evangelismo en campañas evangelísticas de «aserrín y lágrimas». Los predicadores redujeron el evangelio a los temas más simples y esenciales para la conversión. «Háblales duro de un justo e iracundo Dios y guíalos a los brazos de un amante Jesús», predica la culpa y el arrepentimiento y condúcelos al altar para recibir el perdón y el nuevo nacimiento. No hay nada de malo en ello. ¡Con esto el Señor convirtió a una nación! La predicación evangelística es necesaria cada vez que nuestra nación cae en el pecado y la cultura del anticristo. Pero el «evangelio reducido» no estaba hecho para contar toda la historia y no podía hacerlo. Decía poco o nada acerca de la lucha continua para santificar el corazón. En el siglo dieciséis, Ignacio Loyola fundó la orden de los jesuitas, la cual encendió y llevó por mucho tiempo el más grande esfuerzo misionero en toda la historia del Cristianismo. Loyola enseñó y aplicó duras disciplinas para la santificación luego de la conversión, diciendo de San Francisco Xavier, por ejemplo: «El montón más grande de masa que jamás he amasado».

Los benedictinos también establecieron y siguieron una «regla de vida» para la santificación después de la conversión. (Algunos protestantes deben abstenerse de juzgar aquí. Lean acerca de estos hombres. ¡Encontrarán que verdaderamente nacieron de nuevo). ¡John Wesley fundó la iglesia Metodista, llamada así porque sus simpatizantes insisten en un «método» de santificación después de la conversión. Los seguidores de Wesley estaban entre los líderes del gran despertar en Estados Unidos durante el siglo dieciocho. Todos estos hombres de Dios conocían la integridad del evangelio. Ellos conocían la necesidad de traer continuamente las raíces del pecado a la muerte por la cruz mucho después que hemos recibido a Jesús como Señor y Salvador.

Pero durante el segundo gran despertar en Estados Unidos, en el siglo diecinueve, generaciones de cristianos recibieron solamente el «evangelio reducido». Domingo tras domingo únicamente escuchaban predicar el evangelio. Muchos hombres respondieron al llamado de Dios, tomaron la Biblia y salieron a predicar, sin el beneficio de la educación. No intentamos juzgar a nadie aquí, el Señor los necesitaba y los llamó. Pero la mayoría sabían poco o nada más allá del «evangelio reducido». No sabían del conocimiento y la sabiduría acumulada de la iglesia para tratar con las molestas prácticas de la vieja naturaleza después de la conversión.

Creyendo que eran nuevas criaturas totalmente y que sus parroquianos nacidos de nuevo parecían ser capaces de caminar rectamente en Cristo, se apoyaron en pesadas exhortaciones: «¡Ustedes son nuevas criaturas, ahora vivan de acuerdo a lo que son! ¡Háganlo! ¡Simplemente esfuércense más!» Aunque sus miembros eran definitivamente nuevas criaturas, continuaban plagados por innobles pasiones que continuaban surgiendo de raíces sin matar. No lo podían hacer.

La exhortación solamente los llevaba a esfuerzos de la carne. En su determinación de ser santos, muchos cayeron en la dinámica antes descrita, hasta que los ciclos de supresión y expresión los forzaran dentro del pecado o los llevaran a vidas de resignada desesperación. (Algunos, más sabios y humildes, quebraron el círculo y encontraron la verdadera paz en Cristo, pero desearía que el lector pudiera estar sentado en mi oficina y escuchara las frustradas y confusas historias de la vida real que yo escucho, todo debido a que muchos cristianos no han escuchado el evangelio de la santificación después de la conversión). Muchos experimentaron lo que llamamos el «efecto vaivén». El domingo celebran su nuevo nacimiento en Cristo, cantando loas de agradecimiento porque el viejo hombre ha muerto. El miércoles muchos estarán revolcándose en la derrota, con raíces que brotaron y los impulsaron a pecados como pegarle a los chicos, la pornografía, el voyeurismo, el abuso sexual, el incesto, las mentiras, haciendo trampas, robando, y otros. Algunos no habrán caído pero lucharán incesantemente y se preguntarán adónde se habrá ido el gozo y el alivio del corazón que aprendieron a conocer en Cristo. El jueves, muchos habrán caído en la depresión.

El domingo siguiente necesitará «elevarse más» para sentirse bien nuevamente. Y así sucesivamente. Cada lucha y derrota demandará una mayor liberación a exaltarse el domingo siguiente, hasta que algunos, o dejan de intentar vivir la vida cristiana y vuelven a caer totalmente en el pecado, o dejan de ir a las iglesia porque se sienten hipócritas. Para demasiadas personas, su manera de vivir finalmente no tiene nada que ver con lo que celebraron. La cristiandad se convirtió en un objeto religioso para ser mostrado el domingo, ¡pero nadie excepto los ingenuos idealistas esperarán *vivirlo*!

En un reciente programa de televisión, varios hombres y mujeres que regular y abiertamente cometen adulterio como un estilo de vida, hablaron de sí mismos como «¡buenos cristianos que aman a Jesús y que van a la iglesia todos los domingos!»

¡Estas eran personas que nacieron de nuevo, algunas de las cuales manifestaron que tenían el Espíritu Santo! ¡Pero no veían ninguna contradicción entre lo que hacían y su profesión de fe en Cristo! Sin saber cómo conquistar las raíces de amargura que provocan el pecado (Hebreos 12.15), y convencidos por inadecuados teólogos de que no tenían que hacerlo, cayeron tantas veces que concluyeron en que la fe no tenía nada que ver con la forma en que en vivían la vida.

Históricamente, durante el segundo gran despertamiento, muchos evangelistas comenzaron a elevar la experiencia de conversión más allá de lo que las Escrituras exigían.

La conversión posee un tremendo impacto; cambia nuestra dirección del infierno al cielo. Nos lava de todos nuestros pecados con la sangre de Cristo. Le da a nuestra naturaleza pecadora un golpe mortal. Efectúa muchos cambios inmediatos y dramáticos en nuestra personalidad y en nuestro carácter (lo cual, tristemente, ayuda a convencernos que somos totalmente y para siempre diferentes). Nos llena con el Espíritu Santo y renueva nuestro propio espíritu. Nos restaura como hijos de Dios y nos concede acceso a su corazón a través de la oración. Reemplaza al ángel guardián de Satanás por el del Señor (Hebreos 1.14, Salmo 91.11). Nos hace nuevas criaturas en Cristo (2 Corintios 5.17). Pero no termina el proceso de santificación y transformación; ¡comienza con él! (Véanse los siete primeros capítulos de nuestro libro *The Transformation of the Inner Man.*)

Cuando nacemos de nuevo, se vuelve una tarea nuestra responderle al Espíritu Santo cuando nos llama diariamente para morir a todas las raíces y prácticas que continúan resistiendo el impacto de la sangre y la cruz. Después que sus discípulos habían estado un tiempo con Él, Jesús preguntó: «¿Por qué me llamáis Señor, Señor, y no hacéis lo que yo digo?» (Lucas 6.46). Él contestó su propia pregunta cuando les enseño que debían «cavar hondo» (v. 48) para construir sus «cimientos» y asegurarse de que estos fueron cavados sobre la roca de su carácter. Si no lo hacían así, no serían capaces de permanecer firmes en épocas de prueba (la embestida de los grandes torrentes de agua). La orden para nosotros es cavar hondo *después* de la conversión.

Los predicadores y maestros comenzaron pronto a elevar la experiencia de la conversión como si todo se hiciera de una sola vez. «¡Vengan al altar y serán una criatura totalmente nueva para siempre!» En cierto aspecto este llamado es verdadero. La tragedia es que omite la tarea diaria posterior de crucificar la carne.

Hermanos, el deseo de mi corazón, y mi oración a Dios por los israelitas, es que lleguen a ser salvos. Puedo declarar en favor de ellos que muestran celo de Dios, pero su celo no se basa en el conocimiento. No conociendo la justicia que proviene de Dios, y procurando establecer la suya propia, no se sometieron a la justicia de Dios. De hecho, Cristo es el fin de la ley, para que todo aquel que cree reciba la justicia (Romanos 10.1-4, NVI).

Una cruel ironía es que muchos cristianos que han usado las Escrituras para convertir a los no creyentes han fallado en ver que se aplica igualmente a los cristianos nacidos de nuevo quienes, sin la disciplina de la diaria crucifixión, se equivocan al pensar que son «totalmente nuevas criaturas para siempre» ¡y tratan así de vivir rectamente por la frágil fortaleza de su propia carne! Cuando creemos en la falsa teología de que nuestra conversión resuelve el problema de una vez y para siempre, no usamos más la oración para crucificar diariamente nuestra carne resucitada, y estamos por consiguiente reducidos a tratar de vivir como Cristo sin la gracia de la cruz. «Porque si vivís conforme a la carne, moriréis; mas si por el Espíritu hacéis morir las obras de la carne, viviréis» (Romanos 8.13).

Estoy seguro de que la mayoría de los líderes que conozco y que han caído estaban convencidos que sus experiencias de conversión los habían hecho criaturas totalmente nuevas. Relativamente, eso era cierto. «Porque con una ofrenda hizo perfectos para siempre a los santificados» (Hebreos 10.14) y, «Consumado es» (Juan 19.30). Pero Pablo era lo suficientemente sabio como para saber que aunque nuestra carne hubiera muerto, puede volver a la vida: «Mirad bien,[que] alguna raíz de amargura, [no]os estorbe, y por ella muchos sean contaminados» (Hebreos 12.15).

Muchos de estos líderes a los cuales ministramos comenzaron como personas normales sin vicios sexuales ni de otra índole. Pero, como la mayoría de nosotros, sus corazones contenían muchas áreas quebradas y sin curar desde su infancia. No obstante, su teología les decía que eran hombres totalmente cambiados. Por lo tanto negaban la consejería que les hubiera podido ayudar a identificar y llevar a la muerte efectiva los factores internos que los impulsaban a problemas sexuales. Debido a su inadecuada teología, algunos huyeron de la consejería y la denunciaron como innecesaria y hasta peligrosa para los cristianos nacidos de nuevo. De esta forma quedaban incapacitados para manejar los impulsos internos que revivían bajo las constantes presiones y tensiones de su intenso ministerio público.

Dado que ellos creían que sus quebrantos y pecados habían desaparecido por completo por su conversión, perdieron de vista la amonestación: «*Ocupaos en vuestra salvación* con temor y temblor» (Filipenses 2.12). Ellos no sabían cómo dejar de lado con efectividad, después de recibir a Jesús, el viejo yo con sus malvadas prácticas (Colosenses 3.9). La verdadera manera bíblica es reconocer la carne que aún no ha muerto en cuanto se manifieste, rastrearla hasta sus raíces (Mateo 3.10) y llevarla a una muerte total por arrepentimiento, confesión, perdón y reconocimiento de que está muerta en la cruz (Gálatas 2.20 y 5.24). Estos líderes sabían acerca de la confesión, del arrepentimiento y del perdón. La mayoría de ellos lo enseñaban con fe a otros. Pero sabían poco o nada acerca de rastrear raíces ni de cómo crucificar nuevamente los deseos pecaminosos en cuanto volvieran a la vida. Estas raíces aún vivas son las que impedían que sus oraciones pusieran fin a sus impulsos sexuales pecaminosos, y ese fracaso los llevaba nuevamente a afanarse bajo la Ley. No podían detenerse. Su teología era incompleta. Le faltaba la dimensión de la continua santificación del corazón después de la experiencia de la salvación.

Por ejemplo: Ben nació dentro de una familia religiosa. Cuando él tenía seis años y sus primas tenían seis y siete, jugaron al «doctor». La madre de Ben los sorprendió mirándose unos a otros sus partes privadas. Horrorizada, le gritó a Ben que era un chiquillo sucio y lo castigó severamente. Esto creó la idea en la mente de Ben que el cuerpo es misteriosamente pecaminoso y algo tentadoramente prohibido para jugar o echar miradas. Pronto descubrió las revistas pornográficas de su padre escondidas en un cajón de herramientas. Él «festejó» con ellas hasta que su madre lo atrapó y se encolerizó aun más. Desde ese momento, ella se mantuvo recordándole sus pecaminosos actos. ¡Esto promovió su determinación de que ella se las iba a pagar de cualquier forma posible! Al dejar la adolescencia, era adicto a la pornografía y mientras más lujuriosa, mejor.

A la edad de un poco más de veinte años, experimentó de manera singular el nuevo nacimiento y pronto recibió el llamado al ministerio. Por varios años, la adicción simplemente se había ido. No tenía deseos de mirar nada prohibido. En el seminario conoció a una adorable mujer con la cual se casó. Ella era la compañera ideal para una pareja dispuesta sexualmente y totalmente complaciente. Parecía que tenía un «hogar sin problemas». Pero entonces el éxito, la presión y algo de persecución comenzaron a drenar sus energías. Su madre había sido una persona que se basaba siempre en lo que se hacía, incapaz de dar afecto liberalmente sin ataduras. La orientación hacia el comportamiento había sido plantada en él.

Muy pronto comenzó a estar atormentado por vagos sentimientos de ira y rebelión, incapaz de entender por qué se sentía tan despreciado y poco amado siendo su esposa tan afectuosa. Un día, cediendo a un impulso, se detuvo frente a un puesto de diarios y compró una revista pornográfica. Devoró su contenido y se sintió deliciosamente rebelde y misteriosamente liberado y satisfecho. En realidad, había regresado a su anterior práctica de derrotar secretamente a su religiosa madre y proyectar ese modelo sobre su «madre iglesia». Antes de mucho tiempo, era nuevamente un adicto completo.

Su teología le dijo que él era una nueva criatura. Nada en su entrenamiento lo equipó con algo para mirarse dentro de sí mismo que le ayudara a encontrar y crucificar las malas raíces. No sabía que las raíces de amargura pueden «brotar» y «contaminar» a muchos por medio de ellas (Hebreos 12.15), ni que las adicciones como las de él puedan causar el cumplimiento del versículo siguiente: «No sea que haya algún profano o fornicario, como Esaú, que por una sola comida vendió su primogenitura (v. 16). Luchó contra demonios de lujuria. Amigos atentos que sabían de sus luchas quitaron demonio tras demonio, sin que perdurara el beneficio debido a las raíces no tratadas que volvían a invitarlos a que regresaran. Cuando fue descubierta su adicción y perdió su pastorado, reconoció que había vendido su primogenitura por algunas «comidas» prohibidas, sin embargo, no tenía indicios de qué lo había impulsado a eso.

El arrepentimiento fue profundo. El perdón tocó su corazón completamente como nunca antes lo había hecho. Se volvió un predicador aun más exitoso en otra iglesia, convencido de que había «aprendido la lección» y seguro de que ahora estaba completamente curado y libre. Pero no lo estaba. Las raíces causales nunca fueron tocadas. ¡No pasaron muchos años antes que estuviera nuevamente atrapado y vencido! La tragedia era que no había nadie en su denominación que supiera llevar esas raíces y esos hábitos a una efectiva muerte en la cruz. Ni uno solo entendía las dinámicas internas del corazón que continuamente lo engañaba con lo que ahora odiaba tan violentamente. Se había convertido en una víctima de hábitos aún vivos y de una incompleta teología.

Otro hombre al cual Paula y yo ministrábamos descubrió sus compulsivas aventuras amorosas que lo llevaban lo mismo a relaciones homosexuales que a heterosexuales, así como también a la pornografía, el voyeurismo y la masturbación. Sus padres habían sido siervos que se sacrificaron por la obra del Señor, y los admiraba grandemente. Una paradoja de la consejería es que generalmente es más fácil aconsejar a alguien que tiene malos padres reconocidos que ministrar a alguien que posee padres santos pero imperfectos. Puede verse más fácil el resentimiento hacia padres reconocidamente malos, mientras que la lealtad ciega los ojos a las imperfecciones de los buenos; esto deja perplejo al cliente acerca del porqué él o ella son tan malos cuando sus padres aparentemente son tan buenos. Esto promueve una tremenda dinámica de supresión de los sentimientos reales hacia los padres y causa sufrimientos e iras que se proyectan sobre otros.

Le lleva tiempo a la verdad hacer su aparición. Cuando él era niño tenía miedo de la oscuridad y con frecuencia dormía en la cama de sus padres. Frecuentemente llegaba cuando ellos se acercaban al clímax sexual y, aunque tenía casi cuatro años, ¡le permitían quedarse mientras continuaban el coito! No solamente eso, sino que inmediatamente después que su padre se levantaba de la cama para ir al baño, ¡su madre lo ponía sobre sí y lo abrazaba contra sus pechos mientras aún estaba en los estertores de la excitación! ¡ Esto continuó por varios años más hasta que finalmente le prohibiesen ir a su cama! Las Escrituras previenen no hacer brotar o excitar el amor antes del tiempo apropiado (Cantar de los Cantares 2.7 y 3.5).

Esta serie de experiencias hizo surgir toda clase de impulsos sexuales dentro del muchacho antes que el tuviese la sabiduría de manejarlos. No tenía forma de saber que semejante conducta no era normal. Dado que sus padres eran tan santos y volcaban sus vidas en servicio al Señor, no podía explicarse por qué poseía tan imperiosos impulsos sexuales. Cuando niño, fue expulsado de varios colegios porque fue atrapado en el acto de voyeurismo. En sus años de adolescencia, varios tipos de adiciones sexuales se apoderaron de él.

Después se convirtió. Por un tiempo fue libre. Pero las tensiones de la vida cobraron su tributo y sus compulsiones sexuales se reavivaron. Los amigos exorcizaron demonios sexuales. Pero dado que las raíces de la causa permanecieron sin tocarse, ellos siempre regresaban peor que antes.

Su teología le dijo que tenía que ser una nueva criatura. Él mismo trató de creer que era libre. Pero esto no tenía más éxito que la expulsión de demonios.

Pasó horas y gastó montones de dinero en los consultorios de los siquiatras. Esto ayudaba en parte, pero continuaba siendo un misterio sin resolver cómo había comenzado su compulsión y por qué existía, después de todo, cuando sus padres parecían ser tan amorosos y rectos en todas sus cosas. Al hablar con nosotros, por la gracia del Señor y una pequeña ayuda de los dones del conocimiento, él comenzó a recordar lo que sus padres permitieron que sucediera.

Por años, aun después que comenzó a sospechar que sus padres tuvieron algo que ver con su problema, la lealtad y la ignorancia suprimieron recuerdos de aquellos imprudentes estímulos. Al continuar en su búsqueda, una serie de cosas simples en la vida de la familia comenzó a emerger. ¡Sus padres no tenían un concepto apropiado del pudor delante de sus hijos y poca o ninguna conciencia de cómo esto los podía afectar! Su teología no solo lo dejó indefenso para manejar sus compulsiones internas, sino que lo desubicó al llevarlo a intentar controlar lo que su teología le decía que ya estaba muerto.

Una conocida consejera secular decía que siempre que era llamada para aconsejar a un cristiano, sabía que iba a tratar con alguien quien casi no tenía conciencia de sus verdaderos sentimientos sexuales, y aún peor, que fue enseñado a suprimirlos como indignos o del diablo. Por lo tanto, dice ella, la mayoría de los cristianos a los que ha aconsejado tenían pocas o ninguna aptitud para tratar los sentimientos sexuales. Por supuesto que su juicio no es verdadero para todos los creyentes, ni siquiera para la mayoría, pero debo confesar que mis experiencias al aconsejar a un número de cristianos nacidos de nuevo han sido muchas veces parecidas a las de ella. La falsa elevación de la experiencia de conversión más allá de lo que la Biblia exige para ello y la consecuente ignorancia y negligencia de la necesidad de morir diariamente de las resucitadas raíces de la malformación del carácter, ¡son las primeras razones por las cuales los cristianos caen en toda clase de pecados sexuales! *Y el voyeurismo, la pornografía, las fantasías y la masturbación parecen ser especialmente prevalecientes entre aquellos creyentes que no han ido más hondo que el evangelio truncado.*

El voyeurismo, la pornografía, las fantasías, y la masturbación no pueden atrapar a los cristianos compulsivamente salvo que fracturas sin sanar proporcionen la oportunidad. Heridas en la personalidad y el carácter yacen detrás de todo pecado sexual. *Ninguna persona íntegra cae en pecados sexuales compulsivos.* Siempre son algunas heridas, usualmente de la infancia, las que abren la puerta de los problemas sexuales en la madurez. La defectuosa teología es una causa parcial, pero ella sola no puede seducir a los cristianos a comportamientos compulsivamente adictivos. No obstante, la teología defectuosa puede causar que los cristianos fallen en tratar apropiadamente con las heridas de la infancia y las consecuentes malformaciones del carácter. Esto le da una oportunidad al diablo. Finalmente son empujados hacia la adicción y destrucción.

Heridas y fracturas comunes a toda mala conducta y disfunción sexual

1) *Falta de una crianza y disciplina consistente por parte de los padres.*

A) El afecto nutre el espíritu personal con fortaleza y crea los hábitos de una normal y saludable intimidad. Construye canales para un toque físico sano. Tales prácticas apropiadas tienden a parar y tornar repulsivo todo lo que sea inapropiado. Una educación consistente de los padres permite una conciencia que trabaje realmente, la cual actúa apartando a la persona del pecado más que condenarlo meramente después del hecho.

La falta de afecto falla en crear esas buenas prácticas necesarias en el carácter. Crea apetitos impulsores los cuales no saben dónde ni cómo encontrar su verdadera satisfacción. La falta de afecto en la niñez destruye el poder de funcionamiento de la conciencia. (Véase el capítulo 5: «The Slumbering Spirit» [El espíritu dormido], en *Healing the Wounded Spirit*).

B) La disciplina se fortalece con los frenos. La disciplina estructura el corazón y a la mente para conocer la ley de sembrar y cosechar. Engendra un santo temor de Dios y el respeto por las otras personas. Crea la capacidad de negarse a sí mismo y el deseo de pensar primero en el bienestar de los demás. Disipa el temor de sí mismo; a los niños sin disciplina se les teme por su tendencia de correr con locura homicida, dado que papito y mamita no les dieron la paz y la seguridad de límites establecidos. La disciplina instaura una apropiada confianza en sí mismo(debido a que la disciplina de los padres crea dentro del niño la capacidad de controlarse a sí mismo, lo cual le asegura que podrá manejar cualquier cosa y tomar las decisiones apropiadas).

La falta de disciplina básicamente deja que las pasiones controlen a las personas, no lo contrario (Proverbios 25.28).

La falta de disciplina destruye la capacidad de evaluar y respetar a los demás, destruyendo por consiguiente la capacidad de pensar primeramente en la seguridad y el bienestar de los demás. «Busca el No. 1» se ha tornado en la expresión favorita de la «generación yo». El infortunado resultado es que «si te hace sentir bien, ¡hazlo!»

(Debe tomarse en cuenta que una disciplina apropiada es administrada con amor, para el bien del niño, y aunque a veces sea necesaria una zurra física (Proverbios 13.24, 23.13), nunca debe ser equivalente a una paliza, la cual no es nada más que la violencia a expensas del niño. La buena disciplina escribe la ley de la siembra y la cosecha dentro del corazón de un niño; el sufrimiento administrado solamente es suficiente para registrar la lección en el corazón. La corrección física solamente inflige dolor mientras los padres ventilan sus propias emociones; no es la disciplina por amor al niño como en Hebreos 12.5-11, pero contra el niño por causa del padre.)

No existen factores de formación más importantes en toda la vida que la educación y disciplina de los padres (Efesios 6.4) (¡no puedo recordar haber aconsejado jamás a alguien involucrado en pecados sexuales, especialmente voyeurismo, pornografía, fantasías y masturbación, que hubiera recibido suficiente afecto y disciplina!) Quienquiera que ministre a las raíces de los pecados sexuales y sus disfunciones deberá siempre buscar y sanar la historia de la infancia en relación con el afecto y la disciplina.

2) *Falta de una enseñanza y ejemplo admirables.*

A) Los niños se transforman y hacen lo que sus padres *son*, no lo que ellos *dicen*. Los niños necesitan ver a sus padres dar ejemplo de sano afecto y respeto el uno por el otro. La actitud de los padres hacia el sexo será la de sus hijos. Un buen ejemplo indica: «Esto es lo que yo quiero ser».

Esto es muy importante. Por favor, permítanme reiterarles lo que dije en capítulos anteriores:

Yo nunca escuché a mi padre expresar una palabra irrespetuosa o un insulto hacia mi madre. Nunca lo vi comportándose enfadadamente hacia ella, gritarle o actuar con siquiera un poquito de violencia. Cualquier falta de respeto o respuesta insolente que hubiéramos desplegado hacia ella hubiera resultado en una inmediata y severa disciplina por parte de él. Nunca tocó sus partes sexuales en nuestra presencia, aunque continuamente la abrazaba y le daba rápidos besos. Se reservó solo para ella y nunca contó chistes sucios o tuvo pornografía en casa. Nunca profirió maldiciones delante de ella o de nosotros. La trató como a una dama en todo momento.

Mi madre se comportó de la misma manera. Durante nuestros años de formación, ella se vestía decorosamente y ofrecía el mismo tipo de respeto por mi padre como el que le daba él.

B) Enseñanza. Mi madre me enseñaba cuidadosamente: «Jackie, ningún hombre que alguna vez le pega a una mujer, es un hombre verdadero. Un caballero trata a cada mujer como a una dama. Un caballero todo el tiempo se dirige a su esposa con respeto. Nunca la insulta o le grita. Nunca profiere malas palabras en la presencia de una mujer. Están prohibidas las relaciones sexuales fuera del matrimonio, no por que haya algo malo en las relaciones sexuales, sino porque el sexo es santo, limpio y bueno. Dios lo ha reservado como un regalo especial para compartirse solamente entre marido y mujer. Nunca violes sexualmente a una mujer, Jack. Dios hace responsable a los hombres de la protección de la virtud de todas las mujeres». Mi padre daba el ejemplo de lo que mi madre decía y esto se me grabó en mi corazón. Sus enseñanzas y ejemplos construyeron límites dentro de mí que aún hoy no puedo traspasar (véanse los cuatro primeros capítulos de Proverbios en relación con esto).

Los malos ejemplos y las malas enseñanzas destruyen todos aquellos atributos positivos. La violencia y la falta de respeto entre los padres tienen como resultado la incapacidad de los niños de respetar la personalidad de otros. El comportamiento impúdico (tal como la exposición de los órganos sexuales al sexo contrario) hace imposible apreciar la santidad del propio cuerpo y el de los demás. Ser testigo de relaciones sexuales ilícitas o haberse enterado de las mismas, implanta variados grados de incapacidad de mantener sagrados los votos matrimoniales. El abuso sexual destruye el amor propio y la santidad de nuestra propia sexualidad.

Casi todos los casos de pecados o disfunciones sexuales tienen como raíz los malos ejemplos o enseñanzas. Muchos casos también poseen raíces de abuso sexual. Los consejeros sabios descubrirán y sanarán todas las malas raíces en relación con cómo los padres se comportaron entre sí y qué enseñaron o dejaron de enseñar.

3) *Experiencias sexuales precoces mal atendidas por los padres o la familia.*

A) «Cuando se juega al doctor». Si un padre atrapa a los niños bajándose la ropa interior y examinándose entre sí, pueden convertir la experiencia en una buena enseñanza o en una raíz de problema desde ese momento en adelante. Ser buenos padres en ese momento no es impresionarse y, por encima de todo, no es denigrar. Los niños son curiosos por naturaleza e inicialmente bastante desinhibidos. Si un padre, a la primera vez, simplemente aparta al niño a un lado y le enseña acerca de la santidad y privacidad del cuerpo y le advierte que no debe volverlo a hacer, se ha enseñado una gran lección más que las palabras. Las actitudes sanas se *atrapan,* no se *enseñan.* Si ocurre por segunda y tercera vez, la enseñanza puede repetirse, seguida por la amorosa y apropiada disciplina que le daríamos a cualquier otro tipo de desobediencia.

Malos son los padres que están amenazados por su propia condición o gobernados por un espíritu religioso más que cristiano. Si ellos gritan o lanzan acusaciones tales como: «¡Eres un pequeño niño atrevido!» O: «¡Malo! ¡Malo! ¡Malo! Eso es algo feo», sus hijos no pueden limitar esas acusaciones a lo inapropiado de su comportamiento. Ellos aplican el «feo» y «malo» a sus propios cuerpos y al sexo en sí. Desde ese momento, todos los sentimientos sexuales sanos y naturales se volverán teñidos con fealdad y carácter pecaminoso. Esto creará luego la dinámica de la represión y expresión la cual resulta en un comportamiento adictivo y compulsivo en los adultos nacidos de nuevo.

B) Acariciarse sus órganos genitales. Todos los niños necesitan explorar sus partes privadas y las resultantes sensaciones. Es normal que los niños que pasen a través de fases o grados de descubrimientos. Cuando la enseñanza y los ejemplos y la disciplina son malos (como hemos destacado arriba en A), los niños se sienten encantados por un adictivo y compulsivo acariciar de sus propios genitales y los de otros niños.

C) Exposición accidental. Un niño puede estar en el dormitorio mientras sus padres están expuestos o envueltos en actividad sexual u observa al padre del sexo opuesto desnudo bajo la ducha.

Nuevamente, un sabio comportamiento y enseñanza tornarán estas experiencias en una bendición, pero la mojigatería basada en actitudes negativas acerca del cuerpo y una mala enseñanza y ejemplo lleva a deseos reprimidos por más ilícitas «visitas a lugares de interés».

D) Entrenamiento en orinales e instrucción acerca de la higiene. Mi madre me enseñó con franqueza y sensibilidad acerca de mantener limpios y secos mis partes íntimas, cómo limpiarme a mí mismo, etc. Cuando nació mi pequeña hermana y vi que orinaba de forma diferente, mamá cuidadosamente me enseñó acerca de cómo y porqué las pequeñas niñas «iban a la bacinilla diferente que los pequeños niños». Ningún tabú o cosa fea fueron agregado a las funciones de mi cuerpo. Pero nosotros en Elijah House tuvimos que aconsejar a muchos cuyas experiencias de la niñez produjeron atracciones y aversiones compulsivas.

Abuso sexual, incesto y violación

El libro de Paula, *Healing Victims of Sexual Abuse* (especialmente el segundo capítulo, «The Depths of Devastation» [Las profundidades de la devastación]), documenta plenamente la destrucción del carácter y de la personalidad logradas por el abuso sexual, el incesto y la violación. Nada es más peligroso para una persona. Sin embargo, estas heridas terminan más frecuentemente en promiscuidad y disfunción sexual marital que en voyeurismo, pornografía, fantasías y masturbación. Las personas abusadas sexualmente no ven a las relaciones sexuales como algo compulsivamente deseable ni como algo que provoca rebeldes deseos de explorar lo prohibido. Pueden despreciarse a sí mismos debido a su destrozada autoestima y apetitos insatisfechos por toques amorosos. Pero usualmente no están impulsados por desmesurados deseos libidinosos (lascivia, lujuria).

5)*Pecados y disfunciones sexuales en la herencia ancestral.*

Muchos de los que vinieron a nosotros atrapados en comportamientos sexuales adictivos y compulsivos encontraron que tenían padres y abuelos que también sufrieron disfunciones sexuales, comportamientos pecaminosos y actitudes y teologías perjudiciales. Los problemas sexuales vienen por herencia por tres caminos al igual que otros problemas: 1) A través de los genes, físicamente, por herencia de propensiones de pensamientos, sentimientos y acciones; 2) por ejemplos y 3) por la ley de siembra y cosecha (Gálatas 6.7; véase el capítulo 13 «Generational Sin» [El pecado generacional], en *Healing the Wounded Spirit*). Los tres son generalmente agravados por la presencia de «familiares», demonios puestos por Satanás para observar a las familias y empujarlas dentro de cualquier debilidad cuando se presente la oportunidad. Los consejeros deben controlar rutinariamente las historias de la familia cuando ministren a las personas sexualmente atrapadas.

6)*Influencias y experiencias de la infancia entre vecinos y familiares que no sean sus padres.*

Recuerdo cierta ocasión cuando tenía cuatro años. Vino de visita un primo mayor, que me llevó a un gallinero abandonado. Yo no podía entender por qué besaba el pene. Pensaba que eso era algo especial que debía hacerse. A mí me repugnó. Siempre lo recuerdo. Pero Paula y yo hemos ministrado a centenares cuyos parientes o amigos los hicieron participar en actividades sexuales mucho más ilícitas, las cuales crearon impulsos subconscientes de repetirlos al ser adolescentes y adultos. Primos y amigos encuentran frecuentemente durante la infancia juegos prohibidos para jugar. Por ejemplo, cuando encuentran la forma de espiar a otros primos mayores desnudos, o la masturbación mutua, entrando en felación (sexo oral efectuado en un hombre), copulación anal («sodomía») o contacto carnal entre una persona y un animal, especialmente en granjas. Los niños pueden inventar centenares de maneras de experimentar sexualidad. Como dijimos al principio, la mayoría de la gente joven pasó a través de estas experiencias como meras fases para recordarlas de adultos y reírse de ellas. Estas experiencias se tornan adictivas y compulsivas cuando los padres manejan erróneamente el descubrimiento y disciplinan, avergüenzan e hieren tanto a sus hijos que no pueden pasar a través de una madurez sana. Los consejeros deben examinar las experiencias que de niño tuvieron sus clientes y tratar de descubrir si ellas son causa o simplemente auxiliares del presente problema, orando por el perdón y la sanidad en todos los casos.

7) *La influencia de maestros de colegios públicos, pastores y maestros de la Escuela Dominical.* Cientos de veces en nuestros treinta años de consejería, Paula y yo hemos encontrado que el abuso sexual en la infancia u otras actividades sexuales negativas efectuadas por maestros y pastores han causado disfunciones sexuales o impulsos pecaminosos en cristianos nacidos de nuevo. Estos necesitan también que se les brinde cuidados mediante consejería y oración.

Voyeurismo y pornografía

El voyeurismo y la pornografía yacen latentes en todo ser humano. Todos estamos tentados a querer ver lo prohibido. La pregunta a la que apuntamos ahora es: «¿Cómo podemos sanarlo de la mejor manera posible?»

Pasos simples para su curación

1) *Admita el problema.* La mayoría de los adictos al voyeurismo y a la pornografía lo mantienen oculto, aun de sí mismos, al igual que los alcohólicos, rehusando reconocer que están fuera de control, atrapados por algo más grande que su fuerza para resistir. Igual que los alcohólicos que deben dar el primer paso en admitir lo que son si quieren comenzar a curarse, así los adictos al voyeurismo y a la pornografía deben reconocer su impotencia en la carne para detenerse. (Véase el apéndice para la lista de organizaciones que ofrecen ayuda para los adictos sexuales.) Los amigos y consejeros deben alentarlos a que enfrenten los hechos directamente. El problema más frecuente es que ni los amigos ni los familiares se enteran hasta que el descubrimiento trae consigo una desgracia o, si están conscientes de algo, permanecen ignorantes acerca de su naturaleza dominante y la extensión de la adicción. Por lo tanto, cualquier lector que esté involucrado en voyeurismo o pornografía tome esta advertencia: ¡No trate de

manejarlo por usted mismo! Humíllese y vaya a hablar con amigos o con un consejero. Quizás no sea un adicto, pero no determine eso usted mismo. Sea lo suficientemente humilde para permitir que otros disciernan y le ministren, antes que se vuelva compulsivamente adicto.

Una palabra a los amigos y consejeros: ¡No minimice ni tome a la ligera cualquier descubrimiento que haga respecto a alguien que usted sabe que sucumbe ocasionalmente al voyeurismo o a la pornografía! El voyeurismo y la pornografía pueden volverse rápidamente adictivas, especialmente en personas religiosas orientadas hacia el comportamiento. Enfréntelo, con tacto pero insistentemente, hasta que su ser querido pueda descubrir las causas radicales y encuentre plena liberación de la causa y del hábito.

2) *Busque raíces en la infancia.*

Las personas sabias nunca tratan de descubrir las raíces por sí mismas (Proverbios 11.14; 15.22, etc.). Los consejeros y amigos deben ver cuál orientación de comportamiento ha hecho que la persona esté tensa y excesivamente autocontrolada, buscando especialmente tabúes religiosos que lo hayan intimidado en la niñez. (La religión puede ser definida como hombres y mujeres que buscan a Dios y tratan de complacer a Dios. La fe es Dios que sale al encuentro de la humanidad, Dios salvando y consolando a hombres y mujeres. La religiosidad está llena de afanes y temores. La fe está llena de descanso y gozo. Un espíritu religioso es fatal para nuestra salud emocional.)

Facilite el perdón. Más importante aún, capacite a la persona para que se perdone a sí misma. Los consejeros deben enseñar a las personas sexualmente adictas cómo verse a sí mismas con compasión y comprensión, lo cual ayudará a restaurar su propia estima.

El consejero debe reconocer que en realidad buscan otra cosa que mirar la desnudez de otros, que simplemente ha identificado la satisfacción de su apetito en este hábito insatisfactorio. La persona puede estar impulsada en realidad por una infantil necesidad de rebelarse, de independizarse de padres dominantes o de profanar al sexo opuesto debido a odios reprimidos, y así sucesivamente. (Factores de herencia pueden ser parte del problema.) Una vez que el consejero ve las razones actuales de su comportamiento, el hábito pierde su fuerza compulsiva. Todas estas estructuras dentro del viejo ser necesitan encontrar la muerte completa en la cruz. Nuevos hábitos de pensamientos y sentimientos en Cristo deberán ser formados con adoración y oración, leyendo la Biblia y con servicio a otros.

3) *A veces está involucrada la liberación de los demonios.*

No salte a conclusiones o administre liberación demasiado pronto, aun si la liberación de demonios es indicada o confirmada con seguridad. Odio hacia el hábito, arrepentimiento y la destrucción de las causas radicales deben acompañar a la liberación, de lo contrario, el último estado de la persona se tornará siete veces peor (Lucas 11.24-26). Espíritus inmundos pueden usar factores ocultos en el corazón y la mente para impulsar tendencias hacia compulsiones. Un consejero debe atar las fuerzas demoníacas (en silencio o en voz alta) incluso para comenzar a aconsejar con efectividad. Los consejeros sabios aprenden cómo ahogar la efectividad de los demonios sin echarlos fuera por completo hasta que la persona esté lo suficientemente fuerte y se esté suficientemente informada como para resistir los intentos de los demonios por volver a entrar. Entonces la liberación será completa y llena de gozo, sin recaídas.

4) *Aprenda a purificar y a efectuar restitución.*

Después de la curación y la liberación, volverán las tentaciones. Los viejos hábitos, aún desprovistos de su fuerza, pueden continuar actuando. Cuando un hombre deja de tirar de la cuerda de un campanario, la campana continuará repicando por un tiempo. Pero si él la deja sola, se irá apagando y se parará por sí sola. Igualmente así, cuando las raíces han sido tratadas pero los impulsos surgen simplemente por costumbre, los consejeros deben ser enseñados a controlarlos, a orar para dejar las cargas a Jesús y entonces concentrarse en algo útil y de ayuda para otros. Si una vieja costumbre nos puede convencer de que tiene una vida renovada, nos llevará de regreso hacia la dinámica de supresión y expresión y revivirá e incrementará su poder. Necesitamos reconocer que ha muerto y redirigir nuestras energías hacia algo recompensable y sano. Esa vieja «campana» pronto cesará de repicar.

Los consejeros pueden asignar tareas que involucren a la persona en ayudar a otros. Hacer algo por los demás restaura la autoestima y ayuda a restituir cualquier daño que el hábito haya hecho. Nadie puede ganarse su propia redención, pero el Señor sabe que pedirnos que ayudemos a otros contribuye a nuestra propia restauración tanto o más que a los que ayudamos. Quizás la mejor restitución es ayudar a aquellos que han sido vencidos por hábitos pecaminosos similares y, donde aplique, a aquellos a quienes hemos lastimado.

Las fantasías y la masturbación

La masturbación es común para todos. Recuerdo haber escuchado a un conocido consejero familiar decir que el noventa y siete por ciento de los hombres admite que se masturbaron, ¡y que el otro tres por ciento son mentirosos! Los preadolescentes experimentan con sus sensaciones corpóreas y pronto aprenden la excitación de la estimulación y el sentimiento de alivio que provee el clímax. Los adolescentes necesitan el alivio físico, pero la conciencia cristiana y las enseñanzas prohíben las relaciones sexuales. Esto pone una tensión en el cuerpo, diseñado para expresar sexualidad pero incapaz de hacerlo, a veces por años después que el cuerpo está listo para ello.

La masturbación no está prohibida específicamente en las Escrituras. No he logrado encontrar en la Ley referencias a ella, ni a favor ni en contra. Ni siquiera nada parecido, a mi entender, sin cambiar o estirar las palabras. Muchos nos escribieron enojados, después de leer nuestras referencias acerca de la masturbación en la sección de los pecados sexuales en *The Transformation of the Inner Man*, porque no la castigamos como pecado. Pero un fiel siervo del Señor puede ser obstinado y seguro solamente donde las Escrituras son inequívocas, y debe permanecer callado siempre que la Biblia sea discutible, sin importar sus preferencias personales. La masturbación se vuelve pecaminosa cundo se combinan con ella otros factores, tales como las fantasías. Las fantasías no son malas en sí mismas. Ser capaces de visualizar y soñar despierto es uno de los más grandes regalos de Dios a la humanidad. La fantasía es uno de los mejores dones de Dios para capacitar la creatividad. De este don han surgido muchas y admirables maravillas e invenciones científicas. Pero todo don de Dios puede ser pervertido para malos usos. Cuando el poder de la fantasía se acopla a la masturbación, está involucrado el pecado de la fornicación o del adulterio. «Oísteis que fue dicho: "NO COMETERÁS ADULTERIO"». Pero yo os digo que cualquiera que mira a una mujer para codiciarla, ya adulteró con ella en su corazón (Mateo 5.27-28).

Siempre que un cliente ha sido activo en la masturbación, el consejero debe verificar si también la fantasía ha sido involucrada. Si fue así, el arrepentimiento, el perdón, la amonestación y la enseñanza deben seguir como procedimiento. Debe romperse el hábito de la fantasía. Frecuentemente, el cliente debe tener conciencia de que fantasear es diferente a soñar despierto, lo cual puede ser solitario e inocuo. Pero porque estamos vinculados, la fantasía siempre contamina a la otra persona y esto es pecaminoso.

La masturbación también se vuelve pecado a través de la idolatría. Las parejas casadas saben que la consecuencia del clímax sexual es paz y tranquilidad fluyendo por todo el sistema nervioso. Cuando la tensión es una constante en el estilo de vida de los jóvenes, no toma mucho tiempo de identificar la masturbación y el orgasmo como una manera de encontrar alivio y relajamiento. Ellos aprenden que cada vez que consiguen el clímax, sus cuerpos y emociones se asientan en un eufórico descanso. El anhelo de alivio y descanso y la identificación de la masturbación como el camino para encontrarlo, puede crear una adicción.

Ministré a un número de exitosos pastores y líderes que no podían comprender por qué constantemente eran acosados por el impulso de masturbarse. La mayoría decía que sus esposas eran completamente adecuadas como amantes. Esto hacía aun más confusa para ellos su compulsión. Se odiaban a sí mismos pero no podían parar. Nuevamente, el poder de la dinámica de la supresión y expresión aumentan la fuerza del hábito cuanto más se lucha contra él. El pecado actual era idolatría. Ellos aprendieron a encontrar en la masturbación lo que debían haber prendido a obtener a través de la oración y la adoración. La mayoría de estos líderes, después de adultos, desarrollaron capacidades completamente satisfactorias para la oración y para entrar en adoración, pero la adicción continuaba debido a que la «huella» de hacer equivalente masturbación a alivio y descanso impresa con antelación era un mecanismo inconsciente que nunca había sido puesto a morir en la cruz.

Normalmente, las personas crean el hábito de masturbarse mucho antes de recibir a Jesús como su Señor y Salvador. Generalmente, después de la conversión, la presencia del Señor llena de tal modo el corazón con paz que por un tiempo no hay necesidad de ningún otro tipo de alivio. Pero después de estos primeros meses de euforia, la mayoría de los cristianos comienzan a transitar por tiempos desérticos en su vida devocional, generalmente al mismo tiempo en que las presiones y tensiones van en aumento. Esto puede causar que el cristiano regrese emocionalmente. Dado que no puede encontrar liberación a través de la oración y las tensiones amenazan con desvirtuar su equilibrio, es un paso simple regresar a encontrar liberación en la masturbación. Repugnancia, temor y culpa pueden llevarlo a la dinámica de la supresión y expresión, las cuales tornan más y más al reavivado hábito en una compulsión, la que más adelante lo desconcierta y confunde.

Los consejeros deben evitar una excesiva condenación de la persona. Una culpa excesiva no va a encontrar en este caso el camino a la cruz y así conseguir la libertad. Es más, los sentimientos de culpa con mayor probabilidad se desviarán hacia el afán, añadiendo así más combustible al fuego. La enseñanza y la explicación pueden ayudar a la persona a entender cómo la idolatría es el verdadero pecado, y cómo la supresión y el afán en la carne se combinan para aumentar la adicción. Deberá expresarse el perdón por la idolatría. Pero después de esto, el aconsejado debe ser enseñado a relajarse acerca del hábito. *La necesidad de la liberación física no es la misma que la necesidad de una liberación emocional y un descanso.* Los aconsejados deben darse cuenta de que estas dos necesidades han quedado erróneamente unidas entre sí, y que la liberación emocional puede encontrarse en otras y mejores formas.

La compulsión de masturbarse es así una bomba que debe ser desactivada previamente con la comprensión. Yo les digo a las personas solteras que si una vez se han masturbado, no deben cargarse con culpas y ataduras por ello. Sus cuerpos necesitan la liberación física. Les enseño a perdonarse a sí mismos si sienten que esto es necesario (especialmente si también involucraron fantasías) y después a olvidarse de ello y a continuar con su vida. Muchos han vuelto para testificar que dio resultado; ya no lucharan más con este problema como una compulsión. Están liberados de este hábito. Puede que lo hagan ocasionalmente solamente porque el cuerpo necesita de vez en cuando esa liberación física, pero ya no tendrán que hacerlo para encontrar un relajamiento emocional de sus problemas.

Las personas casadas que aún se masturban necesitan ayuda para identificar los patrones de la infancia que convirtieron la masturbación en la clave para la liberación emocional y ponerlos a morir en la cruz; después, aprender a hablar de sus problemas, orar con sus cónyuges y gozar más plenamente la gloria del sexo matrimonial. Pero un factor adicional necesita ser destacado aquí: Algunos pueden haber formado hábitos de fracaso en la vinculación de la pareja. El hábito de masturbarse pudo establecer un hábito secundario de búsqueda de autogratificación sexual. Esto puede causar que no busque verdaderamente e interactúe con su compañera en el acto sexual. Practicaron por tanto tiempo la autogratificación que pueden en efecto estar masturbándose durante las relaciones sexuales, simplemente usando a su esposa para encontrar alivio para sí mismo. Quizás nunca han aprendido cómo encontrar y renovar al otro en el juego del amor. Consejeros sabios deben investigar para encontrar las causas de eso. Será necesario el perdón y la reconciliación entre la pareja y al mismo tiempo una cuidadosa enseñanza acerca de cómo los dos ser uno en el matrimonio, para así renovarse y satisfacerse mutuamente.

La fantasía simplemente debe detenerse. Pocas veces la fantasía es tan adictiva que el poder de la voluntad acoplado a la oración no pueden terminar prontamente con el hábito. La fantasía es suplementaria a la compulsión física de la masturbación. No es casual y generalmente no está enganchada dentro de la dinámica de la supresión y la expresión. Sin embargo, si el cristiano no puede darse cuenta lo serio que es como pecado (como una contaminación de otros) y decide aborrecer y dejarla, no le será fácil salirse de sus caminos. Una o dos sesiones de consejería y oración son generalmente suficientes para terminar con la parte de la fantasía de la adicción de la masturbación. A veces, la masturbación se ha conectado subconscientemente a otros factores, tales como la rebelión adolescente, la necesidad de castigar a los padres portándose mal o la adicción a la pornografía y al voyeurismo. En tales casos, el consejero necesita identificar y separar los variados componentes y ayudar al aconsejado a ver cómo comenzó cada uno así cómo comprender en qué forma interactúan. De esa manera el aconsejado recobra gradualmente el control de sí mismo y aprende a pelear sus propias batallas en donde realmente se encuentran, en vez de estar atrapado en inútiles autorrecriminaciones.

Finalmente, el cliente necesita ser enseñado cómo encontrar una verdadera liberación emocional a través de la oración y el compartir su corazón con otros. Si no se establecen modos de comunicación y oración, el cliente regresará a las formas inapropiadas de encontrar liberación emocional, lo más probable a través de cualquiera de los hábitos que lo habían tenido atrapado antes.

Causas históricas, teológicas y culturales

Prefacio a la Sección dos

Algunas de las causas históricas, culturales y teológicas de los pecados sexuales ya fueron tocadas en los capítulos anteriores. Las repito por dos razones: Primero, para enseñar con detalles más completos y más claros; segundo, para capacitar a los maestros (y posibles editores de revistas) de extraer capítulos como unidades completas. Para ese propósito, cada capítulo del libro se diseñó a fin de que pueda verse en forma independiente.

Es difícil separar las causas históricas de las culturales y teológicas. Ellas están entrelazadas. El desarrollo histórico afecta grandemente la cultura y la teología; cambios culturales y teológicos alteran el curso de la historia. Para cumplir con el propósito de estos capítulos, organicé bajo causas históricas aquellos sucesos que creo han afectado más nuestra cultura y teología occidentales, así como el comportamiento cristiano. De la misma manera traté de describir las tendencias culturales y teológicas que yo creo han afectado más a los sucesos históricos y a nuestra capacidad de pensar y actuar de manera cristiana.

Una exposición de esta magnitud no puede ser agotada en solamente tres capítulos. Por lo tanto, he tratado de condensar mis observaciones en revelaciones con las cuales podamos hacer algo. Mi pretensión no es meramente académica, sino que involucra la transformación y redención pragmáticas. Espero que lo que voy a delinear anime a los investigadores y escolares cristianos a desarollar más completamente el conocimiento que tan desesperadamente necesitan nuestros colegios y seminarios para poder disciplinar las mentes y corazones de los futuros líderes, a fin de que la próxima generación no tenga que luchar a través del desenfrenado torrente de pecados sexuales que hemos visto nosotros.

6

Causas históricas de los pecados sexuales

La causa histórica más grande de los pecados sexuales entre los cristianos, así también como entre los no cristianos, es la destrucción del papel de la familia y las relaciones, la cual comenzó con el advenimiento de la revolución industrial. Antes, toda la humanidad vivía en una sociedad agraria y mercantil. Los hijos e hijas trabajaban a la par de sus padres y madres en la granja o en el negocio. Artesanos tales como carpinteros, relojeros, alfareros, herreros y carreros construían sus hogares detrás o encima de sus talleres. Lo mismo era para los comerciantes.

Las esposas y las hijas no estaban lejos de los codos de los esposos y padres. Sabían lo que los hombres estaban haciendo y frecuentemente trabajaban a la par de ellos. El trabajo y destino del hombre estaba entretejido con su hogar y familia. Arraigado en la mentalidad de cada padre estaba el deber de depositar sus habilidades y principios en sus hijos a través de la palabra y el ejemplo. Su filosofía de la vida era importante; su fe era vinculable y trasmisible, no solamente como un asunto de su propia redención sino también de toda su familia.

El padre era el general de campo; su presencia y su vigilancia dejaban escaso lugar para escapadas inmorales y la falta de los actuales artefactos del hogar que permiten ahorrar esfuerzos dejaban poca energía o tiempo para ellas. Su compañerismo fortalecía los espíritus de sus hijos con la capacidad de permanecer morales. (Estamos hablando de familias cristianas; la cercanía significaba también que los padres paganos e inmorales tenían la misma oportunidad de contaminar las vidas de sus hijos.)

Las esposas conocían los corazones de sus esposos y compartían sus cargas. Trabajaban como un equipo, tanto en el trabajo como en la educación de sus hijos. El corazón de una esposa purificaba la filosofía y la fe de su esposo, suavizándolas y presentándolas a sus hijos. Ella sabía cuál era su lugar (en el mejor sentido de la palabra) en el corazón de él, como su mujer y en su papel de madre.

Honrar y obedecer a nuestros padres (Deuteronomio 5.16) era la verdadera estructura en la cual vivían la vida. Sin la obediencia, la mayoría de las familias hubieran fracasado en sobrevivir. Y dado que los hijos trabajaban a la par de sus padres, conocían el corazón de ellos y ellos conocían los suyos. *No existía la brecha generacional.* Las brechas generacionales son el resultado de la revolución industrial. Antes de ese tiempo, los padres y los hijos vivían atados a un yugo parejo, tanto en el trabajo como en el pensamiento.

Aunque lo que ha sido descrito pueda parecer un poco idealista (siendo lo que es la naturaleza pecadora de la humanidad), el punto es que existían las estructuras familiares que hacían que la influencia de los padres fuera efectiva y clara. La fe no era una cosa meramente individual. La intimidad familiar significaba que lo que se apoderaba del corazón de sus padres atrapaba igualmente el de sus hijos. Las mentes pudieran estar en desacuerdo y formar sus propias opiniones, pero no había escape para el mutuo impacto de sus corazones y estilos de vida. Los padres estampaban su naturaleza sobre la vida de sus hijos por las necesidades de la mutua supervivencia diaria.

Hoy en día todo esto ha cambiado. Con el advenimiento de la revolución industrial, los padres trabajan cada vez más fuera de sus hogares. Raramente, las esposas y los hijos trabajan a la par de los hombres. Actualmente, pocos padres sienten que les incumbe traspasarles a sus hijos sus habilidades artesanales por lo que estos no conocen casi nada de lo que ellos hacen y no son parte de ese quehacer. Los padres están muchas horas alejados de sus hogares. Los hijos ya no conocen los corazones de sus padres. La filosofía y fe del padre ha tomado un segundo lugar con el de la madre, sean o no los mismos principios. Los maestros de los colegios públicos y de la Escuela Dominical llenan ahora el lugar que una vez tuvieron los padres, tanto en la mente como en los corazones de los niños. Los padres tienden a ceder a las madres y a los predicadores sus responsabilidades de educación y amonestación.

Los esposos y padres habitan ahora dos mundos. El mundo de las aspiraciones y la artesanía no está más atado al hogar, requiriendo la asistencia de los hijos. Ahora los hombres sienten generalmente la necesidad de triunfar en el campo mercantil más que en el hogar. Con frecuencia la familia ocupa un segundo lugar con respecto a la profesión. Un hombre puede sentirse confiado en su trabajo, orgulloso de sus habilidades. Él sabe qué botones pulsar. Sabe cómo hacer para que sucedan las cosas. Pero cuando regresa a casa, con frecuencia no posee la suficiente información de primera mano para tomar cualquiera de las decisiones sobre lo que se le ha confiado.

Relacionarse con su esposa e hijos requiere un juego de sensibilidades y habilidades completamente distintas a las que lo hacen triunfar en su trabajo. A veces se siente como un extranjero al timón de un buque extraño con una tripulación que habla una lengua ajena. Su mundo laboral surge entonces como una gran tentación, algo adonde huir en donde se siente competente y exitoso, donde se puede felicitar a sí mismo porque está en control. La vida en el mundo familiar parece con frecuencia que está fuera de control totalmente y ese sentimiento amenaza a cualquier hombre en lo que él es. En consecuencia, su mundo laboral, más que su esposa y su familia, parece ser el lugar de restauración. Este hecho solamente lo expone a aventuras amorosas con cualquiera que comparte su tiempo y sus emociones en el trabajo.

Con demasiada frecuencia su esposa es la única experta en el hogar. Ella conoce los detalles para los cuales él no tiene tiempo. Conoce los corazones de sus hijos; él no. Ella vive en un mundo femenino de sensibilidades y emociones el cual no tiene lugar en el mundo del trabajo diario. (En su trabajo, él no puede decir cosas obvias o será mirado como un estúpido o un aburrido. No se debe decir lo que todo el mundo ya sabe y se dijo anteriormente.)

En el hogar, ¡la vida opera sobre una base totalmente diferente! Su esposa sabe que preparó una rica comida, pero necesita que él la elogie de todas formas. Él le ha dicho cientos de veces que la ama y que luce muy bonita. Volverlo a decir es repetitivo y parece innecesario. Pero a ella no le importa la repetición y lo obvio. Necesita escuchar esas palabras.

Ella habla y habla acerca de cosas triviales» que para ella no carecen de sentido y, si él se diera cuenta, tampoco carecen de sentido para él. Pero él tiene su mente en decisiones multimillonarias, en operaciones, tecnicismos, etc. Las pequeñas cosas del diario vivir escasamente parecen interesantes, ni vitales para la supervivencia financiera, como los «importantes» problemas que él pueda llevar a su casa en su corazón y en su mente.

De esta forma él abdica su papel de sacerdote, cabeza y padre y ya no conoce más realmente a su esposa y su familia, ni ellos a él. Él continuamente es seducido hacia la familiar arena de sus ambiciones, dejando la educación de sus hijos a la aparentemente mayor competencia e interés de su esposa. Finalmente llega a una posición de querer tener una esposa e hijos, pero no en el sentido actual de querer estar íntimamente casado y vinculado corporalmente en educar a sus hijos.

Recientemente, más y más mujeres quieren escaparse de sus hogares y tener una profesión. O tratan de tener una profesión y los hijos. Los hijos de estos hogares son relegados con frecuencia a guarderías o a internados, privándolos de ambos padres por largos períodos de tiempo con la consiguiente destrucción de sus caracteres y fortaleza moral.

El advenimiento de la era industrial ha resultado en por lo menos dos fuentes importantes de la inmoralidad en nuestra sociedad, afectando también a los cristianos, desafortunadamente. Primero, el alejamiento de los padres de su papel de padres ordenado por Dios, destruyó horriblemente la capacidad de sus hijos de mantenerse morales:

He aquí, yo os envío al profeta Elías, antes que venga el día de Jehová, grande y terrible. Él hará volver el corazón de los padres hacia los hijos, y el corazón de los hijos hacia los padres, no sea que yo venga y hiera la tierra con maldición (Malaquías 4.5-6).

La maldición ya está aquí, a través de los crecientes índices de criminalidad, uso de drogas, separaciones y divorcios, fornicación y adulterio, etc., *ad nauseam* [hasta las náuseas] (véase *Healing the Wounded Spirit,* capítulo 5, «The Slumbering Spirit» [El espíritu dormido]). La maldición proviene de dos grandes vacíos en las vidas de los hijos:

A) La ausencia de una disciplina paternal apropiada. La disciplina maternal ayuda, pero es la disciplina paternal la que estructura la moralidad dentro de los corazones de los hijos, enseña los límites y crea la capacidad de negarse a deseos egoístas. Generaciones sobre generaciones sufren ahora de un deficiente autocontrol moral, debido a la insuficiente disciplina paterna, especialmente del padre.

B) La ausencia de una enseñanza y ejemplo paternales de los principios morales ha destrozado casi totalmente la comprensión de las razones altruistas de las leyes morales. Las leyes de Dios son en realidad líneas de guía para mostrar cómo actúa (o no actúa) el amor en las relaciones. Pero para las incontables multitudes que nunca aprendieron a sacrificarse en amor por otros, las leyes solo frustran sus deseos y sus egocéntricas autoexpresiones. Los hijos que nunca fueron educados pacientemente, hora tras hora, trabajando a la par de sus padres y madres por el bien de los demás, ¡no poseen casi ningún conocimiento del propósito e intento de las leyes civiles o bíblicas! Ellos nunca aprendieron a amar la ley por la justicia misma. El grado en el que obedecen las leyes morales es por su temor a ser atrapados. (Cuando están seguros que pueden irse sin ser descubiertos, ellos hacen lo que quieren.) De ese modo, aun entre los muchos cristianos nacidos de nuevo, las estructuras de carácter que capacitan al Espíritu Santo a atraernos al camino de la rectitud, simplemente no están. Cuando aparecen las presiones, lo que fue construido por los padres dentro del carácter moral, toma control y muestra finalmente si los cristianos permanecen o caen.

Una ausencia de educación paternal, especialmente de los padres, causa que muchos, cristianos y no cristianos, posean un espíritu dormido. El afecto despierta y dirige los espíritus personales de los hijos en el arte de la relación (véase el referido capítulo en «Slumbering Spirits» [Espíritus dormidos]). Los adultos que carecieron de afecto en su niñez no pueden mantener una intimidad en las relaciones primarias. Sin afecto en su niñez, los adultos carecen de una conciencia que realmente actúe. De este modo, la inmoralidad atrae sin un control efectivo. Los niños que no son tocados lo suficiente se marchitan en sus espíritus personales (como las plantas que se dejan sin agua expuestas al caliente sol) y crecen para ser adultos que no pueden funcionar apropiadamente en cualquier tipo de relación. Esto deja grandes apetitos y soledades insatisfechas. Necesidades insatisfechas acopladas a una carencia de conciencia llevan a aventuras amorosas y adulterios, especialmente desde que las aventuras amorosas parecen ofrecer intimidad sin el costo de un compromiso.

La ausencia de un sacerdocio paternal en la familia significa que los hijos crecen en esas familias convirtiéndose en adultos que tienen problemas para relacionarse con Dios en la vida real. Cuando nacen de nuevo, aprenden a adorar en conjunto, pero solamente copiando lo que hacen otros. No poseen formas incorporadas que les permitan llevar una vida devocional privada con el Señor. Y no poseen habilidades espirituales prácticas para manejar a través de la oración los pequeños problemas diarios, sin mencionar a las crisis mayores. Ellos quizás se recuerden de dar gracias por la comida, pero no adquirieron la capacidad para mediar el perdón entre los miembros de la familia a través de la consejería y la oración, ni el conocimiento de cómo imponer las manos sobre sus hijos para sanidad. No están conscientes de su obligación de orar una bendición diaria para los miembros de la familia o cómo hacerlo si tomaran conciencia de ello. Ellos fracasan en la protección de sus hijos a través de las diarias oraciones de intercesión.

Consecuentemente, sus hijos crecen hacia la madurez sin la conciencia de sus propios llamados sacerdotales y funciones como padres, o de sus capacidades para cumplirlas. El resultado es doble: Primero, los adultos hijos de tales familias no poseen virtualmente habilidades para la redención personal de los problemas familiares o para encontrar una renovación de las tensiones del diario vivir. Esto los deja vulnerables hacia aquellos que parecen comprenderlos y les ofrecen el consuelo que no tienen en la casa, llevándolos así a aventuras amorosas y a adulterios.

Segundo, su fe se divorcia de la realidad en su vida y en la de sus hijos. Nadie en la familia sabe en términos reales cómo aplicar la sangre y la cruz y la vida de la resurrección de Jesús a los corazones de los miembros de la familia. El resultado es que la rectitud de Dios encuentra pocos canales de expresión en el diario vivir familiar o en cualquier otro lado. El resultado final es que la inmoralidad corre de generación en generación aumentando su desenfreno, hasta que alguien aprende nuevamente a vivir la fe en la familia como realmente debe ser, paga el precio de la autodisciplina para detener el ciclo de la degeneración y vuelve a aplicar las prácticas cristianas dentro de su familia.

El antídoto

No hay mejor antídoto que la determinación de establecer prioridades inconmovibles. Como ya dijimos antes, el Señor habló inequívocamente a Paula y a mí. Nos llamó para estar entre aquellos que ayudan a restaurar el oficio del profeta, entre aquellos que ayudan a restaurar la familia, y entre aquellos que preparan la sanidad del hombre interior y quienes tratan de levantar el ministerio del Cuerpo en la iglesia. ¡Pero nos dijo que más importante que alguna o todas esas tareas era la educación de nuestros seis hijos! Nos mostró que un hombre puede escribir grandes libros, convertirse en un magnate industrial, descubrir maravillas científicas o crear inventos que puedan ayudar toda la humanidad. Pero ninguna de estas cosas es tan importante como los hijos que Dios nos envió.

Los descubrimientos, inventos, libros, carreras, todo pasará finalmente y será olvidado. ¡Pero los hijos vivirán para siempre!

La sabiduría popular nos dice: «No lo puedes llevar contigo» (cuando usted muere). Eso es verdad solamente en forma parcial. Toda posesión deberá ser dejada atrás. ¡Pero cada pequeña parte de carácter que usted ha adquirido y cada pizca de conocimiento que ha entrado en su mente irá con usted al cielo! Igualmente, todo lo que los padres han puesto en el carácter y personalidad de sus hijos será probado en los fuegos del Señor y de la vida, ¡y todo lo que haya sido construido sobre la roca de la naturaleza de Jesús sobrevivirá por toda la eternidad!

> Porque nadie puede poner otro fundamento que el que está puesto, el cual es Jesucristo. Y si sobre este fundamento alguno edificare oro, plata, piedras preciosas, madera, heno, hojarasca, la obra de cada uno se hará manifiesta; porque el día la declarará, pues por el fuego será revelada; y la obra de cada uno cuál sea, el fuego la probará. Si permaneciere la obra de alguno que sobreedificó, recibirá recompensa. Si la obra de alguno se quemare, él sufrirá pérdida, si bien él mismo será salvo, aunque así como por fuego (1 Corintios 3.11-15).

¿No señalan nuestras estadísticas de divorcio los fuegos de la vida, que queman con dolorosa pérdida las falsas lecciones que algunos padres han escrito en sus hijos? Si los padres entendieran esto realmente, ¿qué hombre permitiría que su obra eterna sea quemada? (La gracia de Cristo lo llevaría al cielo, pero no recibiría ninguna recompensa.) ¿Y qué hombre pudiera permanecer parado viendo la destrucción del bienestar de sus hijos antes de irse allí? Lo mismo se aplica a las madres. (No toda pérdida es debido a la pobre educación de los padres; a veces un niño bien educado se casa con un «lío» y sufre los fuegos que las leyes internas están cosechando). Si solamente más padres comprendieran la importancia de lo que ellos son para sus hijos, y del llamado a construir dentro de sus hijos con oro (la naturaleza de Dios y su sabiduría), con plata (conocimiento bíblico, celestial) y piedras preciosas (gemas del carácter igual a Cristo), ¡qué diferencia haría esto en la Iglesia y en el mundo!

Dios nos ha comisionado como padres a poner el depósito eterno dentro del carácter de nuestros hijos. Ninguna otra cosa que hacemos es una obra tan eterna. Nunca habrá otra persona exactamente igual al niño que Dios le da a un hombre y una mujer. ¡No habrá otra huella de voz, huellas dactilares, personalidad o carácter igual a ese pequeño en todo el universo, en toda la eternidad! ¡Dar a luz y educar a nuestros hijos es quizás la única obra eterna que haremos! Podemos impactar a otros y dejar algunas cosas bellas y perdurables en ellos. ¡Pero con ningún otro estaremos jamás en tan distinta y peculiar posición de ser los principales agentes en la formación de un alma para la eternidad! ¿No es esto digno de que sacrifiquemos cualquiera otra esperanza y ambición por cumplir?

Por la gracia de Dios y quizás debido fundamentalmente a que muy temprano les enseñamos del Señor, mis seis hijos son cristianos nacidos de nuevo, al igual que sus cónyuges. Nuestro hijo mayor, Loren, y su esposa, Beth, ministran a todo el resto de la familia como pastor y esposa, y nos enseñan también en Elijah House. Ami y su esposo, Tony, enseñan en la Escuela Dominical de la iglesia de Loren. Tony también trabajó en la edición de este libro. Mark y Maureen se han mudado recientemente desde la Florida, donde él ministró por varios años como un consejero cristiano. Maureen contribuyó significativamente a ese ministerio. Mark es ahora uno de nuestros consejeros de Elijah House y será ordenado en la iglesia de su hermano. John y Marty pertenecen a la misma iglesia y dan profundos testimonios cristianos cada vez que tienen una oportunidad. Tim es maestro de música de una escuela secundaria, el cual, asistido por su esposa, Victoria, dirige la alabanza en una iglesia en Montana. Ellos trabajan como líderes juveniles en campamentos y retiros cristianos. En breve quieren regresar al colegio de graduados para aumentar su efectividad. Andrea se casó con Randy, el líder de un grupo de ministerios estudiantiles bautistas de una universidad y canta además como parte del equipo del ministerio itinerante. Todos nuestros hijos y sus cónyuges están parados sobre sus propios pies delante del Señor, capacitados en las funciones sacerdotales que sanan y mantienen las relaciones familiares.

¡Todo esto se lo debemos a la insistencia del Señor de que estos hijos eran nuestra primera prioridad en la vida! Ellos son lo que son por la gracia de Dios, pero la gracia tiene que encontrar vasos para actuar en ellos. Le rogamos al Cuerpo de Cristo: Vierta su tiempo y energías donde verdaderamente valga la pena, donde usted y solamente usted ha sido llamado a hacerlo: en la vida de sus hijos. Gaste todo el tiempo y la energía que cueste aprender las habilidades que ningún colegio puede enseñar, cómo ministrar la gracia de nuestro Señor Jesucristo en el diario vivir familiar. *¡Nada es tan importante como esa obra a la que Dios le dirigió a usted cuando le dio esos hijos!*

La segunda causa histórica

La segunda causa histórica más grande de los pecados sexuales entre los cristianos actualmente es el advenimiento de la tecnología, la cual comenzó primeramente a impactar drásticamente en nuestra cultura en el siglo diecinueve. Los avances científicos nos libran de los trabajos penosos y nos brindan comodidades nunca vistas en siglos anteriores. Descubrimientos de medicinas nos libran de enfermedades que anteriormente mataban o desfiguraban rutinariamente a millones. Pero los frutos de la ciencia han sido una bendición mixta. La tecnología también causó que dos generaciones vivieran bajo la amenaza del aniquilamiento instantáneo. A los comienzos del siglo diecinueve, Satanás trató de usar la embestida furiosa de los descubrimientos y éxitos científicos para que los cristianos se avergüencen de estar firmes sobre la Palabra de Dios. Los estudiantes comenzaron a mirar por bases empíricas, científicas del conocimiento, más que la simple creencia de que Dios ha hablado de una vez y para siempre. El conocimiento científico dentro de la arqueología y los lenguajes de la Biblia eran y son extremadamente apreciados. Pero históricamente, el surgimiento del conocimiento moderno coincidió con el nacimiento del liberalismo teológico. Algunos comenzaron a usar la ciencia para socavar la Biblia más que para alentar la creencia en sus verdades. En consecuencia, miles de predicadores y maestros se han graduado en ciertos seminarios entrenados para confundir y anular la fe de su congregación. Muchos cristianos ya no creen en que la Palabra de Dios y sus leyes son absolutas o apropiadas para nuestra vida actual.

Pero el daño ha sido más hondo y mucho más peligroso que esto. Cuando los hombres comenzaron a cuestionar la veracidad de la Biblia y, por consiguiente, la sabiduría de Dios Todopoderoso y de sus leyes eternas, no quedaron límites para las preguntas de la mentalidad carnal, no hubo humildad de mente entre los hombres. «Si Dios no habló, entonces yo seré mi propio dios, me haré mis propias reglas». «Yo no veo que cada ley de Dios es eterna e inmutable, ni reconozco que cada una de sus leyes es su amoroso regalo para nuestra guía». «Si yo no entiendo por qué Dios ha dado un mandamiento, yo no lo necesito porque sé mejor que Dios qué es lo mejor para mí, ¡y para todos los demás!»

Una amiga nuestra a la cual le habíamos enviado a muchos para consejería, decidió que necesitaba más entrenamiento formal, por lo que regresó a la universidad para tomar cursos seculares en consejería. (No hay nada malo en mejorar nuestras habilidades a través del entrenamiento formal todo el tiempo que permanezcamos firmes a nuestra fe.) Pero a lo largo del camino, perdió el apuntalamiento de la Palabra de Dios y encontró en la filosofía humanística lo que parecía ser una sabiduría más compasiva.

Sin darnos cuenta de lo que le había pasado a su fe, le enviamos a un homosexual confeso para su curación. Este nos escribió con gran pesar que ella le había dicho que la homosexualidad era un estilo de vida completamente aceptable, y le había recomendado a un grupo de homosexuales en el cual podría encontrar compañerismo. Lo había aplastado al decirle que no necesitaba curación y que debía aceptar seguir viviendo de esta manera. Pensaba que había sido amable. «¡Esos pasajes bíblicos que prohíben la homosexualidad son simplemente pensamientos del Antiguo Testamento de hombres mortales y, por supuesto, en esta era esclarecedora nos hemos vuelto más sabios y bondadosos que aquellos!»

Tal es la seductora arrogancia de Satanás, tal es su pervertida «sabiduría».

También vemos esa arrogancia y «sabiduría» en más de dieciséis millones de asesinatos por abortos (solamente en los Estados Unidos). Dios ha dicho claramente: «No matarás» (Deuteronomio 5.17). Pero es obviamente «más bondadoso y sabio» permitir a las mujeres que elijan lo que es mejor para sus cuerpos (aunque ninguno de nosotros posee la sabiduría de tomar esta clase de decisiones). Y si esto significa echar fuera del útero una mera «pieza de material extraño», ¿a quién le importa? Satanás ha encontrado nuevas maneras de entenebrecer las mentes de muchos mientras formulan la misma antigua pregunta: ¿Dios realmente no dijo nada...?

La denominación dentro de la cual yo crecí estableció un comité (como hicieron también otras denominaciones principales, liberales) para examinar lo que deberían pensar los miembros de la iglesia acerca de la revolución sexual y cuáles deberían ser las normas sexuales para los cristianos modernos. ¡El creer ante todo que la cuestión estaba abierta para un debate, revelaba la enfermedad entre ellos! No hay nada que discutir; solamente debemos leer su Palabra. Sus mandamientos son incondicionales para cada edad. No permiten ninguna adaptación. Son eternamente apropiados. Continuarán más allá de la destrucción de esta tierra hacia la eternidad:

No penséis que he venido para abrogar la ley o los profetas; no he venido para abrogar, sino para cumplir. Porque de cierto os digo que hasta que pasen el cielo y la tierra, ni una jota ni una tilde pasará de la ley, hasta que todo se haya cumplido. De manera que cualquiera que quebrante uno de estos mandamientos muy pequeños, y así enseñe a los hombres, muy pequeño será llamado en el reino de los cielos; mas cualquiera que los haga y los enseñe, éste será llamado grande en el reino de los cielos (Mateo 5.17-19).

Trágicamente, muchos cristianos nacidos de nuevo que están plenamente de acuerdo con lo que hemos expresado, ignoran cómo el modernismo, el liberalismo y el pensamiento de la nueva era pudieron contaminar sus mentes y sus corazones; sus *mentes* pueden creer en la verdad de los mandamientos de Dios, pero sus *corazones* pueden no ser capaces de mantener más puros sus caminos que el de los inconversos. He visto esto una y otra vez al aconsejar a cristianos que están en pecados sexuales. Constantemente alababan con sus labios las verdades de la Biblia, pero cuando tienen que tomar decisiones honestas en el trabajo y morales en las relaciones sexuales, ¡la Palabra no se ha prendido en sus corazones de ninguna forma!

¡Aquí no encontramos en sus verdaderos términos lo incondicional de la Ley, el temor a Dios y las restricciones de una mente gozosamente sujeta a sus estatutos!

Aún no nos hemos dado cuenta de lo profundo de la contaminación en nuestro pensamiento por el modernismo, el liberalismo y la mentalidad de la nueva era.

La tercera causa histórica

Esto nos lleva a la tercera gran causa histórica de los pecados sexuales y de otra índole, entre los cristianos nacidos de nuevo en la actualidad: *El modernismo, el liberalismo y la mentalidad de la nueva era casi han destruido el sistema estadounidense de jurisprudencia.* Cuando los hombres se apartan de los lineamientos seguros de las leyes eternas de Dios y piensan que ellos son más bondadosos y más sabios que Dios, nuestro sistema de justicia se queda solamente con la necedad de los hombres como su base.

Recientemente, un amigo me informó del siguiente caso: Un hombre llamó por teléfono a la estación de policía para confesar que él era el violador en serie que ellos estaban buscando. La policía lo llevó a la estación en donde él redactó una completa confesión de sus crímenes. No había ninguna duda de su culpabilidad. ¡El juez lo puso en libertad debido a que cuando la policía lo recogió en su auto patrullero, de alguna manera fue privado de sus derechos!

Otro ejemplo: Un motociclista drogado cruzó la línea divisoria de la autopista y embistió una furgoneta conducida por una mujer. El choque le fracturó la pierna. El oficial actuante le dio a él su respectiva citación y la exoneró completamente a ella. No había nada que ella pudiera hacer para evitar que él la chocara. No había ninguna duda de la culpa de él. ¡Ahora él la está demandando debido a que su furgoneta le privó por un tiempo de la capacidad de trabajar! ¡El abogado que defiende a la mujer supone que el motociclista ganará el juicio contra ella! La verdadera causa de la demanda es que sin esta el motociclista perdería su seguro o tendría que pagar exorbitantes cuotas. Los costos legales están impulsándola a ella a la bancarrota.

¿Quién no ha oído hablar de ejemplos de ciudadanos que por defender su propiedad contra el robo han sido demandados exitosamente por el ladrón? ¿O de policías que fueron suspendidos porque usaron sus armas para defender los derechos de los ciudadanos?

Estos son algunos de los incontables errores judiciales de nuestra justicia que cualquiera de nosotros pudiera mencionar. Por supuesto que ha habido casos donde las fuerzas del orden han sido demasiado celosas, pero muchos policías están disgustados debido a que el «sistema» deja en libertad a los criminales por cualquier tecnicismo según el cual se les ha «privado de sus derechos». Los tribunales de libertad condicional dejan libres con frecuencia a delincuentes que regresan a su vida delictiva. Los derechos de los ciudadanos honestos están hollados bajo los pies de una sociedad regida por una mentalidad humana carente de los pilares de justicia provistos por las eternas leyes de Dios.

Recientemente, Paula y yo tuvimos una conferencia en Singapur. ¡Los residentes de allí dijeron que casi no existe el crimen en Singapur! Cuando preguntamos por qué, nos dijeron que no existen los tratos de apelación, no hay grandes demoras de juicios, no absuelven por tecnicismos. Por ejemplo, nos informaron que una mujer puede caminar con seguridad por todo el país, de día o de noche, sin temor a la violación. El castigo por una violación son treinta y dos años de prisión, con veinticuatro golpes de *raton*. El *raton* es una vara impregnada en amoníaco. ¡Cada golpe perfora la piel y el amoníaco produce tal dolor que el receptor se desmaya! Los violadores reciben un golpe por año por veinticuatro años, y luego permanecen ocho años más antes de ser puestos en libertad.

Algunos pensaban que el uso del *raton* era demasiado brutal. Descontinuaron su uso por un tiempo, ¡solamente para ver un dramático aumento en las violaciones! ¡Los violadores temían más al *raton* que a los treinta y dos años de prisión!

Sin duda, recibiré cartas de repudio por informar de esa práctica. Aunque lo niego, algunos pensarán que defiendo el uso de esta clase de cosas en los Estados Unidos. No es cierto. El punto es que antes que nos volviéramos más preocupados acerca de proteger a los criminales en lugar de a los inocentes, nuestras leyes eran más duras, y el nivel de criminalidad ni siquiera estaba cerca de donde está ahora. Hemos cosechado y cosecharemos aun más porque hemos sustituido las leyes de Dios por las ideas de los hombres acerca de la bondad.

Las leyes duras *son* bondadosas, incluso para proteger a la mentalidad criminal de sí misma. Yo desafío a los lectores a que estudien lo que la Palabra de Dios dice acerca del castigo del pecado, tanto en el Antiguo Testamento como en el Nuevo. Cuando Satanás quitó exitosamente la Palabra de Dios de su asiento en la mente de los hombres, consiguió que las leyes de Dios parecieran inapropiadas y carentes de bondad a una era orgullosa de sus propios y necios pensamientos, causando que cosecháramos la destrucción de nuestra sociedad.

Pues habiendo conocido a Dios, no le glorificaron como
a Dios, ni le dieron gracias, sino que se envanecieron en
sus razonamientos, y su necio corazón fue entenebreci-

do. Profesando ser sabios, se hicieron necios (Romanos 1.21-22).

¡Yo sugiero leer la advertencia de Romanos 1 para una alertadora comprensión del porqué nuestra sociedad ha caído en semejantes crímenes abominables como los que nos acosan hoy día!

Cuando las personas ven que los crímenes siguen sin ser castigados y los malvados triunfan, la confianza en las leyes de Dios es socavada. El mensaje para los pecadores es que habrá poco o ningún castigo por cada crimen que cometan. Por ejemplo, durante un viaje para una convención, un hombre resbala por causa de un adulterio no premeditado. Se siente mal y le aterroriza el hecho de que su mujer se entere. Pero ella cree lo que él le cuenta y el cielo no se desploma sobre su cabeza. Realmente, la vida parece seguir como antes en muchas cosas. Esto hará que la próxima vez sea más fácil dejarse llevar por la tentación, lo que seguramente él hará.

La aparente falta de retribución por el pecado le invita a preguntarse si existen las «leyes eternas e irrevocables» que regulan el comportamiento humano. Pero las leyes de Dios, específicamente en este caso la ley de siembra y cosecha (Gálatas 6.7), son inexorables. Cuando cae sobre él la inevitable destrucción debido a sus pecados (la cosecha frecuentemente aparece años después del hecho), quizás no conecte el problema con la verdadera razón, preguntándose por qué le están sucediendo estas cosas a él y a su familia. El santo temor de Dios y de sus leyes ya no actúa con el suficiente poder como para detener ni siquiera a los cristianos del pecado.

Nuestras leyes civiles acostumbran a reflejar su herencia judío-cristiana. La homosexualidad, la fornicación y el adulterio están todas prohibidas por la ley civil. Ordenanzas contra la pornografía aún no han sucumbido a las necias aplicaciones del derecho a la libre expresión. Ahora, aunque en la mayoría de los lugares aún se pueden encontrar las leyes de Dios en los libros de leyes civiles, ni uno solo tiene siquiera un intento de acusación por pecados morales, mucho menos que los condenen. ¿Por qué?

Porque lo incondicional y sabio de las santas leyes de Dios que gobiernan el comportamiento humano han sido reemplazadas en las mentes de la gente por sus propios y necios pensamientos. Por lo tanto los pecados sexuales prevalecen en el mundo. Cristianos nacidos de nuevo encuentran difícil rechazarlos debido a que el bombardeo de maldad en nuestra sociedad desgasta continuamente la capacidad del corazón de mantenerse firme a lo que la renovada mente en Cristo sabe que es verdadero y cierto.

Auque digamos que la corrupción de nuestro sistema legal es un fenómeno moderno debido al advenimiento del modernismo y del liberalismo, por otras razones la corrupción a través de la incredulidad también destruyó la justicia en Israel en tiempos bíblicos. Escuche el tronar de Isaías:

Ustedes tienen las manos manchadas de sangre y los dedos manchados de crímenes; sus labios dicen mentiras, su lengua emite maldad. Nadie hace denuncias justas, ni va a juicio con honradez. Confían más bien en la mentira y en palabras falsas; están preñados de maldad y dan a luz el crimen. Incuban huevos de víbora y tejen telarañas; el que come esos huevos, se muere, y si uno los aplasta, salen serpientes venenosas. Con esas telarañas no se hacen vestidos; nadie puede vestirse con lo que ellos tejen. Sus acciones son todas criminales: sus manos trabajan para hacer violencia, sus pies les sirven para correr al mal, para darse prisa a derramar sangre inocente. Sus pensamientos se dirigen al crimen, y a su paso solo dejan destrucción y ruina. No conocen el camino de la paz, no hay rectitud en sus acciones. Los caminos que siguen son torcidos; los que andan por ellos no encuentran la paz. Por eso la salvación se ha alejado de nosotros y la liberación no se nos acerca; esperábamos la luz, y no hay más que oscuridad; esperábamos la claridad, y andamos en tinieblas. Andamos a tientas, como ciegos junto a una pared, como si no tuviéramos ojos; en pleno mediodía tropezamos como si fuera de noche; teniendo salud, estamos como muertos. Todos nosotros gruñimos como osos, gemimos como palomas; esperamos la salvación, pero no llega; esperamos la liberación, pero está lejos. Nosotros te hemos ofendido mucho, y nuestros propios pecados nos acusan; tenemos presentes nuestras culpas y conocemos nuestras maldades. Hemos sido rebeldes e infieles al Señor, no quisimos seguir a nuestro Dios, hemos hablado de violencia y de traición, hemos hecho planes para engañar a los demás. La justicia ha sido despreciada, la rectitud se mantiene a distancia, la sinceridad tropieza en la plaza pública y la honradez no puede presentarse. La sinceridad ha desaparecido, y al que se aparta del mal le roban lo que tiene (Isaías 59.3-15a).

La cuarta causa histórica

La cuarta gran causa histórica para los pecados sexuales y de otra índole en nuestros tiempos es el nacimiento de un moderno medio de comunicación masivo. Las noticias al instante de la radio y la televisión, y la información de medianoche de los diarios, nos han hecho conscientes instantáneamente de los pecados de los líderes y la gente laica. Las películas, las videograbadoras, las novelas, los cuentos cortos y las revistas han desplegado formas de pecado igual que una inundación vertida por la boca de Satanás para vencer a la mujer que es la Iglesia (Apocalipsis 12.15). Ya lo mencioné anteriormente, por lo tanto permítame agregar simplemente que cuando uno ve el impacto de los medios de comunicación masivos, combinados con el pensamiento liberal de la nueva era, el desgaste del sistema judicial y el consecuente socavamiento de la creencia en las leyes de Dios, ¡no es de extrañarse que tantos cristianos sucumban ante el pecado! En esta era de corrupción en constante aumento, es necesario ser un cristiano fuerte y seguro para estar firme en la justicia de Dios.

Otras causas históricas

Hay otras causas históricas: Los efectos de dos guerras mundiales. La comodidad de las leyes de divorcio. La abolición de la censura. La codicia en el mundo mercantil. El surgimiento de las prácticas de ocultismo y de adoración satánica y la ceguera e incredulidad, especialmente entre los cristianos de nombre, de todo lo concerniente a Satanás y sus poderes demoníacos.

La embestida furiosa de los movimientos de los derechos de los homosexuales y su pensamiento pervertido. Las actividades feministas desbalanceadas. La desilusión con los políticos y la extendida aceptación por toda la sociedad de la filosofía de que el fin justifica los medios. El desgaste del código de honor que dice que un hombre debe vivir de acuerdo a su palabra y primero debería morir que dejarla caer en el abismo. (Mi abuelo Potter era un ranchero de Oklahoma que cerraba tratos de miles de dólares con un simple apretón de manos, diciendo: «Si la palabra de un hombre no es buena, ninguna cantidad de papel lo hará mantenerse a ella».)

El denigrante efecto de la pornografía respecto a lo que los hombres creen acerca de las mujeres, a tal punto que ya no sienten que Dios los ha comisionado para proteger el honor de cada mujer. La eliminación de la oración en nuestros colegios. La sustitución en los colegios públicos de los McGuffey Readers (que enseñaban sólidas lecciones morales) por el blando vacío de «Dick, Jane y Spot». El efecto que la facilidad del aborto tiene en las relaciones sexuales fuera del matrimonio.

Pero todos estos y aun más pueden encontrarse en la destrucción de la creencia en la Palabra de Dios, la pérdida del santo temor y respeto hacia la justicia de Dios y en las contaminaciones que el modernismo y el liberalismo han obrado sobre los pensamientos y las conciencias de hombres y mujeres de esta era.

Los antídotos

He hecho una lista de muchos antídotos en los capítulos anteriores. Voy a sumarlos todos en una urgente súplica: *Si no tenemos un prolongado y anticuado avivamiento, ¡creo que esta nación y el mundo entero están perdidos!* Digo «anticuado» porque los avivamientos de los siglos pasados trajeron consigo un exagerado arrepentimiento. Esto trajo consigo el regreso a estilos de vida morales y santos, tristemente de lo que carecemos en lo que pasa por avivamiento actualmente. De alguna manera, a nuestras experiencias de conversión parece faltarles la estremecedora profundidad de repugnancia hacia el pecado que movió a aquellos que anteriormente huyeron al altar de Dios.

El avivamiento de 1910 en Gales cambió tanto a los mineros que las bestias que arrastraban los carros de minerales no se movían, no escuchaban ya las malas palabras que ellos acostumbraban a asociar con las órdenes. Al mismo tiempo, la policía de muchas ciudades estadounidenses tuvo súbitamente tan poco que hacer que formaron cuartetos de barbería para pasar el tiempo. Aquellos avivamientos cambiaron el carácter moral de regiones enteras. Desdichadamente, ya no es así en la actualidad. Hace varios años atrás, Elijah House ofreció un seminario acerca de problemas sexuales. Cada participante era un nuevo cristiano. Para abrir el procedimiento, distribuimos una encuesta con cuarenta y tres preguntas. A los participantes se les aseguró que un anonimato total iba a proteger la sinceridad de sus respuestas. Entre otras preguntas, inquirimos si habían cometido fornicación antes del matrimonio y adulterio después. Más del 50 por ciento admitió la fornicación, lo mismo que para el adulterio y la mayoría confesó que cometieron ambos. Luego preguntamos cuántos habían cometido los mismos pecados *después* de haber nacido de nuevo. ¡Más del 40 por ciento! *¡Esto significa que creer en Cristo había movido solamente a un diez por ciento a mejorar su comportamiento moral!* En encuestas similares desde entonces, los resultados fueron los mismos. ¡De alguna forma, la santidad de nuestro Señor Jesucristo no ha llegado a morar aún en los corazones de muchos de los cristianos actualmente nacidos de nuevo!

Debe producirse un quebrantamiento delante de Dios y un fuerte clamor por un genuino avivamiento el cual puede *verdaderamente* cambiar los corazones de aquellos que respondan. Como consejero sé y así lo enseño, que después de la conversión debe haber un tiempo de santificación a través de la muerte diaria en la cruz, pero también sé que, salvo que sus corazones estén realmente arrepentidos y que busquen ser hechos iguales a Cristo, los hombres y las mujeres no van a sufrir el costo del dolor de descubrir el pecado y morir a él.

Debe sobrevenir un corte. Debe venir un fuego de amor tan sublime que los hombres no puedan permanecer más en la deshonra hacia el Señor, el cual los ama. Debe haber un movimiento del Espíritu Santo sobre los corazones de los hombres tan poderoso y directo que ellos gemirán bajo el peso de sus pecados y gritarán en agonía pidiendo cambiar o morir. Debe nacer un odio tan grande hacia el pecado, que los hombres preferirán morir antes que hacer algo que deshonre el nombre y la ley de Dios.

Dicho en otros términos, nuestros avivamientos de estos días carecen del «poder ardiente» de cambiar verdaderamente los corazones de los hombres. Hemos sido como pregoneros en un espectáculo secundario o vendedores de golosinas, ofreciendo cualquier mercancía que logre tentar a más personas a recibir a Jesús. Demasiados llegaron a Jesús por lo que podían *obtener*, más que por el amor y el honor que debemos a Él porque nos salvó del infierno. Aunque la ineficacia de las conversiones actuales no es la causa histórica del pecado entre los cristianos, la superficialidad es un efecto de todas las otras causas, no obstante yo creo que el verdadero avivamiento es la única respuesta, ¡solamente un movimiento suficientemente poderoso del Espíritu sobre los corazones de los hombres pueden concederles la fortaleza interna de soportar el costo de un verdadero cambio! Los avivamientos anteriores tuvieron esa profundidad. Quizás aquí yace el más grande cambio histórico que ha tenido como resultado a cristianos nacidos de nuevo que continúan pecando como si nunca hubiesen renacidos, ¡su conversión nunca fue tan profunda y real!

7

Causas teológicas y culturales de los pecados sexuales

Las fortalezas del enemigo

La mayor causa de los pecados sexuales entre los cristianos es el poder de las fortalezas enemigas:

> Pues aunque vivimos en el mundo, no libramos batalla como lo hace el mundo. Las armas con que luchamos no son del mundo, *sino que tienen el poder divino para derribar fortalezas.*
>
> Destruimos argumentos y toda altivez que se levanta contra el conocimiento de Dios, y llevamos cautivo todo pensamiento para que se someta a Cristo (2 Corintios 10.3-5, NVI).

Existen dos clases de fortalezas enemigas. *Las fortalezas individuales* son las formas habituales de pensar que hemos creado dentro de nuestra mente. *Las fortalezas colectivas* son formas de pensar que nos llegan a todos nosotros a través de nuestra sociedad y cultura. Las fortalezas individuales son únicas, formadas de acuerdo a la historia y desarrollo de cada persona. Las fortalezas colectivas nos afectan a todos, aunque cada persona reacciona al comienzo y las incorpora dentro de su forma de pensar en su propio modo. Sin embargo, al final, la función de las fortalezas colectivas es la de borrar la capacidad individual de responder en forma única, para producir una mentalidad «rutinaria» que esté dispuesta a aceptar el control de los principados de las tinieblas. En este capítulo escribiré solamente acerca de las fortalezas colectivas y sus efectos sobre toda la humanidad, cristianos en particular.

Las fortalezas del enemigo son usuales maneras de pensar que van más allá de filosofías. Se apoderan de las mentes de las personas y les roban la capacidad de pensar libremente.

Si una persona crea dentro de sí mismo un hábito, esa práctica (Colosenses 3.9) pronto desarrollará una vida en sí misma. Por ejemplo, si un hombre permite que un hábito de resistencia rebelde a la autoridad eche raíces en su mente y su corazón, esta manera de reaccionar sin pensar lo esclavizará y lo impulsará a declaraciones o acciones necias. Un ejemplo de lo anterior es cuando su jefe le da una orden. Si él decide que ya no quiere ese hábito, encontrará que no es tan fácil manejarlo. La próxima vez que su jefe le dé una orden que le parezca injusta, antes que pueda detenerse, la costumbre lo llevará nuevamente a decir o hacer algo que hubiera deseado que no ocurriera. Los hábitos poseen vida dentro de sí mismos; no quieren cambiar o morir.

Exactamente de la manera como podemos construir estructuras de hábito dentro de nosotros mismos en forma individual, podemos construir formas sociales de pensar habituales. Podemos llamarlas «ajustes mentales», «tradiciones», «filosofías», «arquetipos» o usar la palabra bíblica «fortalezas», pero como quiera que las llame, el punto es que, igual que los hábitos, poseen vida propia y no quieren abandonar su dominio sobre nosotros. «Mirad que nadie os engañe por medio de filosofías y huecas sutilezas, según las tradiciones de los hombres, conforme a los rudimentos del mundo, y no según Cristo (Colosenses 2.8).

Somos criaturas colectivas. «Si un miembro del cuerpo sufre, todos los demás sufren también; y si un miembro recibe atención especial, todos los demás comparten su alegría» (1 Corintios 12.26, VP).

No es simplemente que nuestras emociones tienen un impacto sobre otros. Afectamos mutuamente nuestros pensamientos. Empáticamente, las habituales formas de pensar de nuestra sociedad nos bendicen o nos contaminan.

Las fortalezas del enemigo roban a los individuos su libre voluntad. Una fortaleza es como un pulpo en el mar del pensamiento humano, que espera para poder sujetar con sus tentáculos a cualquier persona desprevenida cuyos pensamientos caprichosos le permiten tomar posesión. Las fortalezas crean una visión de túnel, bloqueando cualquier pensamiento inspirado por Dios que pueda contradecirles. Causan que la lógica se mueva en pequeños círculos, fortaleciendo el dominio del engaño.

Las formas cristianas del pensamiento liberan al hombre. El Espíritu Santo fluye por las mentes de los hombres cuando su pensamiento está acorde con el Señor Jesucristo y con la Palabra de Dios: «Ahora bien, el Señor es el Espíritu; y donde está el Espíritu del Señor, allí hay libertad» (2 Corintios 3.17, NVI). Pero cuando pensamos de manera contraria a la Palabra de Dios, la carne actúa de una forma que nos seduce y aprisiona.

Antes de la Segunda Guerra Mundial, Adolfo Hitler comenzó a predicarle al pueblo alemán que ellos eran «la raza superior». La superioridad racial, que es concomitante con el prejuicio y el odio, es una fortaleza construida hace siglos en la mente de la humanidad: judíos contra samaritanos, samaritanos contra judíos, caucásicos contra orientales, africanos, indios, etc.

Esta fortaleza enemiga se estableció sobre la mentalidad germana, inundando sus mentes con falsos hechos y lógica espuria. Todo aquel que no estaba firmemente asentado sobre nuestro Señor Jesucristo, encontraba que albergaba pensamientos de superioridad de raza, ¡y muchos siguieron ciegamente la demagogia de Hitler en actos infrahumanos! De ese modo «los gobernadores de las tinieblas de este siglo ... las huestes espirituales de maldad en las regiones celestes» (Efesios 6.12), ¡usaron la fortaleza del odio racial para crear el Holocausto!

Un amigo mío se educó en la misma región del país que yo. Ninguno de nuestros padres tenía prejuicios y nos enseñaron a amar y a respetar a los hombres de todas las razas, especialmente mi madre, dado que su herencia proviene parcialmente de la tribu india Osage. Pero mi amigo se mudó a un estado sureño. No todos los que viven allí están dominados por fortalezas raciales, pero algunas personas entre las cuales él vivía, sí. Actualmente, a mi amigo le cuesta trabajo esperar para contarme el último chiste «negro», aparentemente inconsciente de cómo eso atenta contra el amor de Dios para todos los hombres. Con frecuencia oigo esa fortaleza en sus declaraciones y me duele ver que la libertad de su mente se está disolviendo más y más bajo la influencia de ese ajuste mental. Los «cabezas rapadas» de la actualidad, son expresiones de la fortaleza del odio racial. Esas pobres almas, sumidas en la oscuridad, son gobernadas por el odio y la confusión y sus mentes están totalmente cautivas. Ellos se convirtieron en muñecos de «los gobernadores de las tinieblas de este siglo» (v. 12), sirviendo nada más que a los fines de Satanás al pavonear sus insensateces ante el mundo.

También Hitler proclamó el derecho «divino» del Tercer Reich alemán de atacar a otras naciones para establecer su «ordenado reinado sobre el mundo». Esto le permitió a la antigua fortaleza de la guerra y la agresión obtener el dominio de la mente alemana. Todo aquel que no estaba suficientemente firme en Jesús se encontró no solamente que estaba de acuerdo, sino que decía las mismas necedades. Y así, con muy pocos disidentes (que fueron encarcelados o ejecutados), la nación alemana salió a «paso de ganso» a la guerra, ¡y a la derrota y la humillación!

Las fortalezas del enemigo son manejadas por principados demoníacos: «Porque no tenemos lucha contra sangre y carne, sino contra principados, contra potestades, contra los gobernadores de las tinieblas de este siglo, contra huestes espirituales de maldad en las regiones celestes (Efesios 6.12). Es al poner fortalezas del enemigo sobre las mentes de gente inconsciente que «los gobernadores de las tinieblas de este siglo» controlan las masas de personas en el mundo y seducen hasta a los cristianos recién convertidos para que hagan su voluntad.

La existencia y la operación de las fortalezas del enemigo es algo desconocido para la mayoría de los cristianos. Verdaderamente: «Mi pueblo fue destruido porque le faltó conocimiento» (Oseas 4.6).¡Mire lo que la fortaleza de la homosexualidad le ha permitido hacer a Satanás! Cientos de miles de enfermos, miserables «homos» marchan bajo sus estandartes, con sus pensamientos totalmente confundidos. Aparte de la fortaleza del movimiento de los «derechos», ellos contribuyen con miles de dólares pensando que así conseguirán la aprobación de una ley de protección, pero en muchos casos trabajan para concesiones que no hacen nada más que acelerar su propia muerte espiritual como física, y posiblemente la nuestra también, debido al SIDA.

Los movimientos por los derechos humanos, tales como el que condujo Martin Luther King, han logrado milagros. Siempre necesitamos continuar con la lucha por los verdaderos derechos. Pero Satanás, como de costumbre, tiene su falsificación. Observamos cómo la fortaleza del movimiento de los derechos está siendo manipulada cada día para controlar a nuestros legisladores, a los tribunales, a los medios de comunicación, etc. ¡Las fortalezas de la homosexualidad y de los «derechos» han contaminado tanto la mente de casi todos que hasta los cristianos que saben que están equivocados no quieren hablar claro porque temen que los consideren críticos! Los gobernantes del mundo satánico manejan las fortalezas de modo tal que puedan destruir a muchos miles que caen bajo su influencia (Juan 10.10).

Aun más grande es la fortaleza de la inmoralidad sexual, la cual emplea incontables herramientas de engaño: la pornografía, el voyeurismo, la «libertad de palabra», confundiendo las mentes de los legisladores y jueces hasta lograr que las leyes no ejerzan la censura apropiada y la gente ya no tenga la protección debida en contra de todos los tipos de obscenidad (nuevamente menciono que sería una correcta lucha por la libertad de palabra, por ejemplo, que sea permitido orar en los colegios). Siempre que una persona comienza a entrar en el adulterio espiritual o simplemente fantasea acerca de lo que pudiera ser probar un poco las relaciones sexuales prohibidas, recibe una «ayuda» instantánea. Si un cristiano decide: «Bueno, simplemente voy a mirar una de esas películas con clasificación X para ver qué tienen de pecaminoso en ellas», los poderes de las tinieblas comienzan a envolver su mente y sus emociones a través de fortalezas del enemigo establecidas hace mucho tiempo. Su necia actitud les ha dado acceso. Si no se arrepiente rápidamente o los amigos no intervienen con presteza, «arrebatándolo [a él] del fuego ... aborreciendo aun la ropa contaminada por su carne» (Judas 23), estará apto para caer rápidamente bajo el dominio de la fortaleza de la inmoralidad y estará perdido para Cristo.

¡Las fortalezas del enemigo son unas de las más grandes causas de los pecados sexuales entre los cristianos! Cada pastor o consejero comprometido puede testificar del constante pesar al ver a los amigos queridos cómo pierden su agarre de la realidad y navegan hacia engaños y pecados sexuales. A través de la lujuria, los principados demoníacos alimentan las fantasías sexuales, los engaños, las excusas y las justificaciones dentro de la mente de los cristianos. Ellos vierten pasiones ilícitas y deseos incorrectos y buscan bloquear las advertencias de la conciencia. Ellos se las ingenian para traer personas que evangelizan al modo de Satanás: «Pronunciando discursos arrogantes y sin sentido, seducen con los instintos naturales desenfrenados a quienes apenas comienzan a apartarse de los que viven en el error. Les prometen libertad cuando ellos mismos son esclavos de la corrupción, ya que cada uno es esclavo de aquello que lo ha dominado (2 Pedro 2.18-19, NVI).

Cuando las parejas comienzan a pensar en separarse o en divorciarse, los poderes de las tinieblas colocan en ellos tremendas fortalezas de confusión y engaño. ¿No se han dado cuenta que un día podemos razonar con nuestros amigos, estando ellos en condiciones de escuchar y pensar correctamente y al día siguiente ya no se puede razonar de ninguna manera con ellos?

Cotorrean frases conocidas: «Solo tengo una vida para vivirla», «Dios no desea que yo sea desdichado por el resto de mis días», «Nos peleábamos mucho. Nuestros hijos estarán mejores si simplemente nos separamos», «Éramos muy jóvenes cuando nos casamos», «Bueno, simplemente no soy un padre muy bueno. Estoy seguro de que si me divorcio de mi esposa, ella podrá encontrar a un padre mejor que yo para mis hijos». Han perdido la capacidad de pensar de una forma capaz de contradecir esas mentiras: «La consejería cambiaría todo esto para gloria». «Sus hijos lo necesitan a usted, no a otro». «Usted no consideró todas las opciones posibles». «Usted tiene ante sus hijos la responsabilidad de volver a tratar». Para no mencionar los votos que se hicieron: «En lo bueno y en lo malo, en la riqueza y en la pobreza, en enfermedad y en salud, hasta que la muerte nos separe». Los gobernadores de estas tinieblas luchan por evitar que las personas recuerden sus pactos matrimoniales.

Satanás ha vertido por su boca un torrente para arrasar, de ser posible, a «la mujer» (Apocalipsis 12.15). La mujer es la Iglesia. Quienquiera que entienda las fortalezas del enemigo y cómo los «gobernadores del mundo» las manejan, puede ver dónde está la guerra espiritual para el control de la mente de los hombres. Siempre que la gente se aparta de Dios, como lo ha hecho en estos tiempos una nación tras otra, Dios permite que lleguen a la intención básica de hacer todas las cosas que son degradantes y despreciables (Romanos 1.21-32). Dios sabe muy bien que estas personas serán abandonadas a las fortalezas demoníacas de la inmoralidad, ¡pero en su sabiduría Él también sabe que la humanidad debe sentirse lo suficientemente repugnada como para llegar a un sincero arrepentimiento! Él se da cuenta que los poderes de las tinieblas son tan necios que exagerarán las cosas, causando así que la humanidad se arrepienta. Pero como Dios también sabe que los poderes pueden atrapar la mente de los hombres de tal manera que no serán capaces de llegar al arrepentimiento sin una ayuda, *su plan depende de la respuesta de los cristianos a su llamado de intercesión. Los cristianos deben permanecer en la brecha y la guerra contra las fortalezas del enemigo en las mentes de las personas, orando por la fuerza de sus espíritus, para que así los hombres lleguen al arrepentimiento que Dios siempre ha deseado.*

Esta es la importancia de este capítulo. El pueblo de Dios debe aprender cómo y dónde ir a la batalla. Un entusiasmo sin conocimientos empuja con frecuencia a hombres y mujeres a una guerra a la cual Dios no los llamó. Los necios entran precipitadamente adonde los ángeles temen entrar. De esta forma los guerreros salen lastimados y perdidos para esta causa.

Cuando Paula y yo aprendimos acerca de las fortalezas del enemigo y cómo vencerlas, saltamos típicamente dentro de la batalla para liberar a toda la humanidad. ¡Íbamos a quitar todas esas cosas de cada persona de la Iglesia del Señor y del mundo ahora mismo! Ocurrieron dos cosas: Primero, ¡nos desgastamos a nosotros mismos! A los pocos días, ¡no podíamos poner un pie delante del otro! Así que pronunciamos nuestra ferviente e intelectual oración de «¡Ayúdennos!» Y el Señor pacientemente nos enseñó a esperarlo a Él y de enfrentar solamente aquellos problemas para los cuales Él nos ungía en aquel momento. ¡Lo segundo fue que las personas empeoraron! Habíamos olvidado que arrojar fuera a principados y fortalezas es muy parecido a arrojar fuera a demonios: Si la persona no está preparada para arrepentirse y cambiar, ¡el resultado será siete veces peor!

El antídoto

1) *Escuchen al Señor.* Sean como sargentos, que estudian el plan de batalla el día anterior al combate. Agarre a todos los principados y fortalezas enemigas que Él le dijo que tiene que vencer, cuándo, cómo y dónde Él le diga. Nombre la fortaleza. Ate su fuerza bajo la unción del Espíritu, no en el ilegítimo celo de la carne.

2) *Comprenda la estrategia de la guerra contra las fortalezas y principados.* No salga a medio cocinar. Las fortalezas del enemigo no son en sí mismas seres demoníacos. Son estructuras habituales de pensar y sentir en la carne, manejadas por demonios gobernadores. No arroje fuera la carne. La carne es para ser llevada a la cruz por medio del arrepentimiento, la confesión y la oración. Los principados deben ser atados y arrojados fuera, pero no la fortaleza. Ate la fuerza de la fortaleza. Ordénele quedarse quieta.

Pero déjela allí. Su efecto en la persona será transformado por la gracia para volverse parte de su compasión y fuerza en el ministerio.

Por lo tanto recuerde que una vez que usted comience a batallar contra principados, no podrá parar cuando quiera. La batalla es algo similar a la mujer cuando está embarazada, ¡no se puede retirar porque se ha cansado de ello! Usted deberá perseverar hasta que el que está en pecado se arrepienta. El propósito de la guerra es el de restaurar a los otros su capacidad de pensar correctamente y estar parado por sí mismo. Usted está luchando contra principados, reclamando la victoria que Jesús ya ha ganado, para quebrar su efecto sobre la fortaleza y la persona, para que pueda volver en sí y decir como dijo el hijo pródigo: «Me levantaré e iré a mi padre» (Lucas 15.18).

Cuando usted ha ganado para él la libertad de que pueda volver a pensar, no hay garantía de que esa persona elija correctamente. Esto significa: primero, usted deberá orar por él para que tenga fuerza en su espíritu para poder llegar a un buen arrepentimiento. Se necesita fuerza de espíritu para admitir las faltas y pedir perdón. Segundo, usted deberá orar diariamente por un largo tiempo. Sus oraciones están comprando tiempo y la posibilidad de arrepentirse. Pero en esencia estará luchando por la libertad de pensar por sí mismo, y por tanto no puede hacerle elegir correctamente.

Por eso, nunca pelee su batalla solo. En primer lugar, es demasiado peligroso. Los poderes de las tinieblas se moverán sobre cualquier debilidad que usted posea, hasta que no le quede ni tiempo ni energías para la guerra: «Ningún soldado en servicio activo se enreda en los asuntos de la vida civil, porque tiene que agradar a su superior» (2 Timoteo 2.4, VP). Los soldados de Satanás, igual que su maestro, conocen la Palabra y por lo tanto quieren enredar a los guerreros del Señor en muchas dificultades hasta que se vuelvan inútiles. Mantenga su programa tan claro como sea posible cuando luche contra fortalezas y poderes de las tinieblas.

En segundo lugar:

Más valen dos que uno, pues mayor provecho obtienen de su trabajo. Y si uno de ellos cae, el otro lo levanta. ¡Pero ay del que cae estando solo, pues no habrá quien lo levante! Además, si dos se acuestan juntos, uno a otro se calientan; pero uno solo, ¿cómo va a entrar en calor? Uno solo puede ser vencido, pero dos podrán resistir. Y además, la cuerda de tres hilos no se rompe fácilmente (Eclesiastés 4.9-12, VP).

Dos o más pueden mantenerse vigilantes, así uno descansa mientras que el otro lleva el estandarte. Varios pueden comparar las visiones e intuiciones y controlarse mutuamente, mientras que uno solo puede ser arrastrado hacia el engaño (Efesios 4.14). El truco favorito de Satanás es lo que podemos llamar una «guerra de desgaste». Simplemente nos cansa con asuntos triviales, hasta que estamos demasiados cansados como para llevar la victoria hasta su conclusión final. Pero cuando varios están unidos en la guerra, él no es tan capaz de cansarlos a todos. «No nos cansemos, pues, de hacer bien; porque a su tiempo segaremos si no desmayamos» (Gálatas 6.9).

3) *La enseñanza debe completar la victoria.* Una vez que se consiguió la liberación y el arrepentimiento dejó libre a la persona, debe existir una cuidadosa enseñanza para que no caiga nuevamente en las mismas trampas. La persona debe llegar a comprender qué fue lo que lo atrapó y cómo, para que no piense que puede volver a chapotear con impunidad en lo que estuvo anteriormente.

No tenemos que estar de pie e impotentes viendo cómo nuestros amigos caen presa de las fortalezas del engaño tan prevalecientes en nuestra cultura actual. Somos llamados a la guerra como nunca antes:

Regocíjense los santos por su gloria,
Y canten aun sobre sus camas.
Exalten a Dios con sus gargantas,
Y espadas de dos filos en sus manos,

Para ejecutar venganza entre las naciones,
Y castigo entre los pueblos;
Para aprisionar a sus reyes con grillos,
Y a sus nobles con cadenas de hierro;
Para ejecutar en ellos el juicio decretado;
Gloria será esto para todos sus santos.
Aleluya (Salmo 149.5-9).

La guerra contra fortalezas y principados no es para una minoría selecta. Es para cada cristiano. Todos fuimos llamados para ir a la guerra y proclamar lo que Jesucristo ya logró (Mateo 28.18 y Filipenses 2.9-11). Anhelo que venga el día en el cual dejaremos nuestras insignificantes preocupaciones y estaremos de pie «un ejército grande en extremo» (Ezequiel 37.10).

La fortaleza de la confusión teológica

La más grande, decepcionante y confusa fortaleza en nuestra cultura y que ha resistido exitosamente la guerra espiritual, es la manera de pensar acerca de nosotros mismos como cuerpos y espíritus.

Existen dos maneras de pensar acerca de nosotros mismos como cuerpo, alma y espíritu. Ambas son teológicas. Ambas nos afectan, las conozcamos o no. Ellas son parte de nuestra cultura y de ese modo se convierten en parte de nuestra forma de pensar. Tomamos decisiones y actuamos sobre la base de ellas, sin haberlas conocido nunca o haber pensado en ellas conscientemente. Una es cristiana. La otra es del anticristo. Lamentablemente, la mayoría del mundo (incluyendo a muchos cristianos) opera generalmente sobre la base de la manera del anticristo, pensando que esta forma es buena y aceptable.

Ambas maneras de pensar brotan de antiguas raíces. Ambas fueron bien formadas antes de la época de la vida y muerte de nuestro Señor. Ambas están tan arraigadas en costumbres y prácticas que cada uno de nosotros es afectado por ellas subconscientemente, salvo que uno sepa y quiebre el dominio del pensamiento del anticristo en su corazón y en su mente.

La manera de pensar del anticristo dice que el hombre y todo el universo son una dicotomía: La materia y el espíritu están totalmente separadas y luchan una contra la otra. Declara que el espíritu es bueno pero la materia está contaminada. El espíritu, en su mayor parte, está alto en los cielos, mientras que la materia esta abajo, caída y contaminada.

Como podemos ver, esta manera errónea de pensar acerca de nosotros mismos como cuerpos y espíritus yace detrás de incontables adulterios y fornicaciones. Ella causa que los hombres piensen que la pornografía y el voyeurismo no son peligrosos. Hace que la prostitución sea provechosa. Yace detrás de la destrucción de barreras morales que permiten películas clasificadas con R y con X.

Asombrosamente, la mayoría de los colegios y universidades cristianas, incluso muchos seminarios, no están conscientes de que esta manera de pensar es incorrecta y por consiguiente se adhieren a ella como si fuese cristiana «ENSEÑANDO COMO DOCTRINAS, MANDAMIENTOS DE HOMBRES» (Mateo 15.9 y Marcos 7.7, énfasis añadido).

En algunos cristianos, esta teología errónea hace que se malinterprete el uso bíblico de la palabra «carne», haciéndolo significar que el cuerpo humano en sí mismo es malo y debe ser humillado. La interpretación ortodoxa de las Escrituras dice que cuando la Biblia habla de «carne», generalmente se refiere a las maneras del mundo que se han vuelto un «cuerpo» de maneras de pensar y de actuar en oposición a nuestro Señor.

Pablo dice: «¡Miserable de mí! ¿Quién me librará de este cuerpo de muerte?» (Romanos 7.24), y «si por el Espíritu hacéis morir las obras de la carne, viviréis» (Romanos 8.13). La enseñanza ortodoxa dice que él no está hablando del cuerpo físico sino del «cuerpo» de prácticas pecaminosas dentro de su naturaleza. De otro modo él no pudo haber dicho en otra parte: «¿No sabéis que sois templo de Dios, y que el Espíritu de Dios mora en vosotros?» (1 Corintios 3.16). El Espíritu Santo no habitará en un vaso inmundo. Nuestro cuerpo es limpio y bueno. Pero aquellos controlados por el ajuste mental del anticristo creen que el cuerpo físico en sí mismo es malo. Como podemos ver, este falso concepto yace detrás de muchos de los pecados sexuales de los cristianos nacidos de nuevo.

Alrededor de Palestina y por todo el mundo conocido en el tiempo del nacimiento de nuestro Señor, la cultura estaba dominada por la manera de pensar del anticristo. Tuvo su base en la filosofía y teología hindú, la cual defiende que el espíritu puro es totalmente superior, separado de cualquier cosa de la tierra. El espíritu es bueno. La materia o la carne, es mala. La humanidad cayó de ser un espíritu puro a la encarnación en el cuerpo. Es malo estar en el cuerpo. Uno debe progresar a través de las ruedas de Samsara (ciclos de trasmigración o sucesivas encarnaciones en formas animales y humanas) y del Karma (la suma de los actos de las personas en una encarnación, la cual determina su próxima encarnación, similar así a la ley de la siembra y la cosecha, pero involucrando también al destino o «kismet» y la necesidad de experimentar esos diferentes niveles para ser purificado para el Nirvana, que es su concepto del cielo final).

La esperanza radica en que se vuelva un espíritu puro una vez más y que no tenga que reencarnarse nunca más. Así, si uno es bueno y se resigna a su destino en esta vida, puede ser que en la próxima reencarne en una casta superior y así progrese hasta que se vuelva un Brahmin (la casta más alta) y escape finalmente del todo a los ciclos del renacer. En esta creencia, uno no quiere hacer mucho para ayudar a otros, por miedo a molestar el Karma de esa persona y causar así que el otro deba revivir la situación en otra reencarnación para lograr lo que su intervención impidió.

¡Esta teología es exactamente opuesta a la doctrina cristiana! La materia y las cosas terrenales no son malas; el Espíritu de Dios fluye sobre y en todas las cosas (Efesios 4.6). Nosotros no queremos escapar de nuestro cuerpo para transformarnos en un espíritu puro, más bien, queremos ser perfeccionados dentro del mismo o, en caso de fallar eso, resucitar dentro del cuerpo. No queremos resignarnos a lo que nos pueda suceder, sino redimir a toda la humanidad y a toda la historia para nuestro Señor.

A partir de esto, permítanme que de una advertencia a aquellos que creen que pueden adoptar algo de las religiones orientales: Las mantras y las chakras (técnicas hindúes de repetir la misma cantilena, de orar y meditar) tienen detrás de ellas vastas fortalezas de engaño. La meditación hindú crea pasividad, lo cual facilita el control por partes de principados que dominan fortalezas. La meditación cristiana involucra encuentros activos al encontrarnos y comunicarnos con nuestro Señor viviente; de ninguna forma es parecida a la meditación oriental. No necesitamos ni nos será de ayuda adoptar las técnicas de ella o de ninguna otra religión.

El yoga y otras técnicas de ejercicios similares, desarrolladas para ayudar al cuerpo, poseen detrás de ellas grandes fortalezas de la filosofía oriental. Así también las artes marciales. Los cristianos pueden y han desarrollado ejercicios y rutinas que no invitan a las fortalezas y principados del engaño. Muchos policías en la actualidad, hombres y mujeres, reciben algún entrenamiento en artes marciales orientales. Yo no sé de qué forma las artes marciales pueden ser separadas de su base. Muchos cristianos informados niegan esa posibilidad. Conociendo el poder de las fortalezas, me temo que puedan tener razón.

Cuando cayeron Adán y Eva, ellos perdieron (y así nosotros) la capacidad de comunicarse íntimamente con Dios. Los espíritus de Adán y Eva, antes de la caída, estaban en perfecta sintonía con el Señor. Cuando Él se paseaba y hablaba con ellos en la frescura de la tarde, ellos «leían» su Espíritu. Entendían su ánimo y comprendían sus pensamientos con perfecta confianza y sin temor alguno. Pero el pecado destrozó esa capacidad de leer su Espíritu y entender sus pensamientos. La contaminación de Satanás reemplazó a la intimidad con temores y desconfianza. Lo que siguió fue una degeneración, hasta el punto que cada vez que Dios se acercaba a los hijos en la tierra, ellos solamente podían comprender una pizca de lo que Él deseaba comunicarles.

Por supuesto, Él hubiera podido usar su poder para forzarlos a que lo entendieran bien, pero entonces se hubieran convertido en robots, dejando de ser los hijos con los cuales Él pudiera tener comunión por toda la eternidad. Desde el punto de vista de Dios, la pregunta era: «¿Cómo le restauro a la humanidad la capacidad de tener comunión conmigo sin violar su libre albedrío?»

Satanás no sorprendió a Dios con algo que lo forzara a cambiar sus planes eternos. En su sabiduría, Él ya sabía de antemano exactamente lo que iban a hacer Satanás, Adán y Eva. Desde su plan básico, antes de la creación, Él había planeado el camino de regreso.

En dondequiera que Dios se ha acercado a las personas, ellas han tomado un pedazo de la visión de su naturaleza, pero solamente un pedazo. Él se acercó a los hombres de la India y ellos tomaron la idea de que Dios es una trinidad, ¡pero uno de los tres fue llamado Shiva, el destructor! Ellos pensaron que la vida en el cuerpo era una maldición, más que un regalo y la puerta al cielo. Se acercó a los hombres de la China y ellos recibieron la idea de que Él es sabiduría y se perdieron prácticamente todo lo demás. En los istmos de los Estados Unidos y en Hawaii, cuando Él se acercó, ellos hicieron el prototipo del sacrifico de sangre de su Hijo, ¡y mataron a miles en orgías de sacrificios rituales! Y así continuó. Nadie lo conoce por quien y qué es Él en realidad.

Pero Dios sabía que esto iba a suceder, y preparó hombres para que recibieran una más completa y exacta revelación de sí mismo, en verdad, la plenitud de la revelación en nuestro Señor Jesucristo.

Cuando el tiempo estuvo listo, Él habló a un hombre llamado Abram. A través de él y de sus descendientes, Dios revelaría su verdadera naturaleza. Hizo un convenio con ellos. Los enviaría a 400 años de cautiverio y entonces los llevaría a una tierra en donde fluían la leche y la miel (Génesis 15.13-21). Si ellos iban a ser su pueblo y a mostrar al mundo cuál era su naturaleza, entonces Él iba a ser su Dios y los bendeciría en esa tierra.

Dios sabía que ellos iban a fallar. Pero también sabía que Israel iba a preparar la base en el corazón y la mente de su pueblo para la venida de su Hijo, a través del cual y de una vez por todas revelaría quién era Él y cómo era.

Pero la revelación de la naturaleza de Dios en nuestro Señor Jesucristo vino a un pueblo hebreo que estaba rodeado de antiguas fortalezas del pensamiento las que amenazaban desde el verdadero principio con desvirtuar la pureza de la revelación, ¡si no la destruía por completo!

La historía de la creación según los babilonios dice que el dios Marduk rellenó con los cuatro vientos del cielo la boca de su madre Tiamat, después de lo cual su vientre se hinchó, ella murió de envenenamiento por gas y cayó a tierra. Marduk tomó su cuchillo y cortó su vientre. Levantó su parte superior, que se transformó en el cielo. ¡La sangre y los intestinos que salían de la parte inferior se transformaron en la tierra! Con esta historia de la creación, ¿puede alguien respetar la tierra y apreciar el propio cuerpo?

La historia egipcia proclama que hubo una inundación en la cual surgieron montículos de lodo. Sobre una de esas colinas estaba parado un hombre. Una versión dice que escupió; la otra que se masturbó. ¡La escupida o el semen es la creación! Esto fue lo que formó la tierra. De esto estamos formados nosotros. Con semejante historia, ¿puede regocijarse la humanidad de su existencia?

Compare esto con la historia bíblica; un Dios bueno y santo dice: «Y dijo Dios: Sea la luz; y fue la luz. Y vio Dios que la luz era buena» (Génesis 1.3-4). Por seis días este Dios santo y amante hizo su obra de creación y cada día Él decía que era bueno. Al sexto día, Dios tomó del polvo bueno y limpio de la tierra, formó al hombre y sopló su propio aliento santo dentro de él y el hombre se volvió un alma viviente (2.7). Y cuando Dios hubo creado al hombre y a la mujer, «vio Dios todo lo que había hecho, y he aquí que era bueno en gran manera» (1.31). ¡Qué diferencia!

Pero esta revelación llegó a un pueblo sumergido en una cultura dominada y controlada por fortalezas de engaño. Tres siglos antes del nacimiento de Jesús, Alejandro el Grande había conquistado Palestina y toda la región del medio oriente. Esto inició el período helénico, en el cual los griegos pensaban que las formas y el lenguaje eran dominantes. La filosofía de Aristóteles penetró la mentalidad de aquel tiempo. Más tarde, la Pax Romana del Imperio Romano proporcionó una atmósfera en la cual la cultura y formas del pensamiento griego pudieron florecer. Por cierto que el Nuevo Testamento estaba escrito en *Coiné* (un dialecto griego común en ese tiempo en todos los imperios romanos y en alguna manera comparable al actual inglés estadounidense).

La mentalidad griega de aquellos días sostenía una dualística visión de la naturaleza semejante a la hindú: El espíritu es bueno, la carne es mala. Por lo tanto se escandalizaron cuando se les pidió que creyesen que Jesús, el verdadero Hijo de Dios, había nacido como un humilde ser humano, en medio de todo el dolor y la sangre. Que sería amamantado del pecho y se le cambiarían pañales. ¡Qué horror! Así se engendraron varias herejías helenísticas:

Un hombre llamado Cerinto vino con la herejía llamada «adopcionismo». Dios mismo en Jesús no pudo haber nacido a través de la contaminación de una matriz humana, por lo que Dios simplemente encontró a un hombre maduro, ¡y lo adoptó con su propio Espíritu!

Dado que era impensable que Dios se transformaría en carne (Juan 1.14), otra herejía sostuvo que Él solamente parecía poseer un cuerpo, flotaba por los alrededores por un tiempo y luego volvía para ser nuevamente un espíritu puro. Esta herejía fue llamada «docetismo», de la palabra griega *docein,* que significa «aparecer». Como podemos ver, aunque la iglesia marcó esto como una herejía y la rechazó teológicamente, continuó floreciendo como una fortaleza. El docetismo es la más acosadora y contaminante fortaleza que aflige actualmente a todo el cristianismo.

Era repugnante para los griegos, quienes pensaban que cuando Sócrates bebió la venenosa cicuta iba por consiguiente a escapar de las contaminaciones de la condición física, ¡que se le pidiera que abrazaran una fe que celebraba la resurrección nuevamente en un cuerpo físico! ¡El verdadero propósito de la muerte era escaparse del cuerpo! Por ello, Pablo tuvo que escribirles a los Corintios (griegos) para decirles que Jesús había sido resucitado en un cuerpo físico verdadero, y que nosotros lo haríamos también (1 Corintios 15).

Los gnósticos griegos (de *gnosis* o conocimiento [brevemente], hombres que creían que serían salvos por el pensamiento correcto más que por la persona del Salvador, nuestro Señor Jesucristo), sostenían que el mundo había sido creado por un demiurgo (un ser, menor que el dios supremo) cuyas maneras mezcladas arruinaron y contaminaron la tierra. De este modo, por supuesto, la materia y el cuerpo estaban teñidos con maldad. Fue contra esta herejía que las palabras de apertura del Evangelio de Juan tronaron claramente con la verdad:

> *En el principio ya* existía el Verbo, y el Verbo estaba con Dios, y el Verbo era Dios. [No un demiurgo, no un semidiós, sino el propio Dios.] *Él estaba con Dios en el principio.* [La teología gnóstica dijo que el dios menor fue creado como una idea posterior por el dios supremo.] *Por medio de Él todas las cosas fueron creadas; sin Él, nada de lo creado llegó a existir.* [Los gnósticos dijeron que el dios supremo había creado bien algunas cosas, pero el demiurgo había agregado algunas cosas equivocadas las cuales contaminaron la obra suprema de dios.] *En Él estaba la vida, y la vida era la luz de la humanidad* [Los gnósticos creían que el dios menor poseía en sí mismo un poco de oscuridad, la cual trajo la muerte y la confusión a la humanidad.] (Juan 1.1-4, NVI).

Estableciendo que Jesús no era un dios menor y equivocado, Juan se dedicó a demoler la idea docética de que Él realmente no se encarnó y que solamente flotaba por los alrededores por un tiempo aparentando que poseía un cuerpo: «Y aquel Verbo fue hecho carne, y habitó entre nosotros (y vimos su gloria, gloria como del unigénito del Padre), lleno de gracia y de verdad» (Juan 1.14). Jesús no visitó meramente la carne, como el agua en una jarra. Se convirtió en carne. Sin perder ninguna divinidad en la transición; Él estaba lleno de gracia y verdad.

De este modo los apóstoles se encontraron con las fortalezas del gnosticismo y del docetismo y las destruyeron como teología. Pero las fortalezas del enemigo son tenaces. Ellas vuelven, siglo tras siglo. Casi trescientos años después, durante el Concilio de Nicea en el año 325 a.C., las líneas de batalla se volvieron a trazar. El gnosticismo docético, a través del arrianismo, trató de sostener que Jesús era parecido, pero no de la misma naturaleza de Dios. El debate se desarrollaba sobre una pequeña letra, la iota. ¿Debía la declaración de fe decir homo-ousios u homoi-ousios? La primera significaba «de la misma idéntica naturaleza», la segunda «de naturaleza parecida pero no idéntica». (Los gnósticos lo demiurgieron todo otra vez.)

Contra los arianos estaba Atanasio, un gran ermitaño ascético y teólogo, que insistía en que Jesús era de la misma naturaleza que el Padre. Ganó Atanasio y el depósito de fe se salvó del error. Por ello el Credo Niceno proclama tan resonantemente: «Dios de dioses, luz de luces, verdadero Dios del verdadero Dios, engendrado, no hecho, consubstancial al Padre, por el cual todas las cosas fueron hechas».

El concepto de la fortaleza como teología fue vencida nuevamente, pero persiste, repitiéndose aquí y allá hasta nuestros días, principalmente por el pensamiento aristotélico (que acepta la visión básica del mundo de la mentalidad oriental). Esta filosofía se transformó en la filosofía prevaleciente no solamente de esa era, sino también del presente. Sus dogmas básicos (que todas las cosas están controladas por causas y efecto, y de que todo lo que no respire no posee un espíritu) llegaron a la teología cristiana casi sin oposición. Con estos aparentemente innocuos conceptos llegó la creencia de que el espíritu es bueno y la materia es mala. Deslizándose en la aceptación paralela de esto fue la idea de que el cuerpo es malo y por lo tanto, también lo son las relaciones sexuales.

Marcióon, un teólogo gnóstico, quien escribió unos 100 años a.C., dijo que toda relación sexual es mala y enseñó que todos sus seguidores debían mantener un completo celibato. Aunque él estaba excomulgado por hereje, sus pensamientos siguieron viviendo en la fortaleza del docetismo, la cual pende sobre la Iglesia desde el comienzo.

Veamos cómo la fortaleza del docetismo invadió y contaminó muchas cosas de la iglesia:

1) En el siglo diecinueve, el cual estaba dominado por el espíritu religioso del docetismo, a los hombres y mujeres tanto de la fe católica como de la fe protestante se les enseñaba que las relaciones sexuales eran sucias. ¡A los católicos se les decía que debían confesarse si habían gozado del sexo marital! Las madres les enseñaban a sus hijas que los hombres eran sucios porque deseaban las relaciones sexuales. Para ser una esposa obediente debía «dejar que lo tuviese» y por supuesto que era necesario para la procreación, pero si uno gozaba con ello, ¡era un pecador!

2) A muchos hombres y mujeres se les enseñaba que el cuerpo era pecador, y que un verdadero cristiano debía controlar sus deseos.

Todas las pasiones, se decía, provenían del diablo. Un verdadero cristiano no les permitiría a ellas vivir. Los cuadros de Jesús que mostraban a un joven ideal, menos que humano, con cara de bebéniño, el cual, por supuesto, era demasiado puro e inocente para tener verdaderos sentimientos.

3) Una madre se horrorizaba y se avergonzaba cuando se enteraba de que sus hijos habían descubierto sus «partes íntimas» y las acariciaban. Regañaba a los niños y se aseguraba de que su padre los llevara al cobertizo de madera para una pequeña «educación de correa».

4) La vestimenta de las mujeres debía cubrirlo todo, desde la garganta hasta los tobillos, aún bien entrado el siglo veinte. Recuerdo a un peón en el rancho de Oklahoma que se sintió molesto y avergonzado, ¡porque pudo echar un vistazo al tobillo de mi madre al ayudarla a subir a la montura de su caballo! ¡Los cuerpos no eran para ser vistos! ¡De ninguna manera!

Los trajes de baño a los comienzos del siglo cubrían tanto que uno se pregunta cómo alguien podía nadar con ellos. Puede ser que parte de la razón por la cual nuestros modernos trajes de baño muestren tanto, se deba a una reacción y rebelión contra el necio puritanismo docético de aquellos días. Tenemos un ejemplo extremo (durante la era victoriana) en el cual las mujeres de la casa cosían pantalones para cubrir las «patas» del piano. La bisabuela de Paula dio a luz a nueve hijos y se jactó hasta el día de su muerte de que su marido nunca la vio desnuda.

5) Varias veces en las primeras dos iglesias que pastoreé, las mujeres se levantaban y se marchaban del servicio, indignadas porque yo había mencionado las relaciones sexuales desde el púlpito. ¡Por favor! Lo que yo en realidad dije fue simplemente una inofensiva referencia a otro tema. Esas mujeres pensaban que ellas eran cristianas correctas. En realidad, sus mentes habían sido manchadas por las fortalezas enemigas del anticristo del engaño.

Veamos ahora qué efectos tuvieron las fortalezas docéticas sobre la moralidad:

1) Algunas denominaciones, al enseñar que el cuerpo es malo, crearon sentimientos de culpa y vergüenza cada vez que sus miembros se entregaban a las relaciones sexuales dentro del matrimonio, especialmente si las disfrutaban . Esto produjo supresiones no saludables de sentimientos naturales y normales, las cuales a su vez inhibían el aprendizaje de cómo agradarse el uno al otro, y por lo tanto suprimían la regularidad ordenada por Dios para la actividad sexual:

> El marido cumpla con la mujer el deber conyugal, y asimismo la mujer con el marido. La mujer no tiene potestad sobre su propio cuerpo, sino el marido; ni tampoco tiene el marido potestad sobre su propio cuerpo, sino la mujer. No os neguéis el uno al otro, a no ser por algún tiempo de mutuo consentimiento, para ocuparos sosegadamente en la oración; y volved a juntaros en uno, para que no os tiente Satanás a causa de vuestra incontinencia (1 Corintios 7.3-5).

Aunque las parejas pueden tratar de suprimir las pasiones naturales en el acto de jugar al amor, estas pasiones no pueden ser apagadas. Si son negadas, saldrán a la superficie en lugares no deseados. Durante la era victoriana, la cual fue gobernada por las fortalezas docéticas, era común para los hombres tener amantes. Tenían relaciones sexuales con sus esposas para producir herederos, pero evitaban la pasión en los abrazos matrimoniales. Recuerdo que escuché de un hombre, que totalmente avergonzado se disculpó profundamente con su mujer debido a que torpeza y precipitación ¡despertaron la pasión sexual de ella la noche anterior! Pero con sus amantes, dado que el pecado ya estaba involucrado, los hombres podían dar rienda suelta a sus pasiones. Ellos gozaban de las relaciones sexuales con sus amantes, y las suprimían en su casa.

La realidad es que he ministrado más casos de adulterio en las denominaciones cuya teología dice que el cuerpo es pecaminoso que en cualquier otro grupo. Estuve visitando recientemente a otros líderes dentro del ministerio de la consejería cristiana, y les oí declarar exactamente lo mismo. Las falsas teologías dejan a los creyentes de esas denominaciones vulnerables tanto a la dinámica de supresión y expresión como a la fortaleza de las relaciones sexuales inmorales.

2) La pornografía y el voyeurismo actúan cada vez que las relaciones sexuales son tomadas como sucias. La curiosidad natural de los niños se toma como sucia y mala. Esto provoca el rebelde deseo de ver lo que está prohibido. Es el sentimiento de que el observador quedará impune del castigo de algunas infantiles prohibiciones lo que hace que la pornografía y el voyeurismo lo atraigan.

En una de las iglesias en que he servido, muchos de los miembros pertenecen a un club local de hombres. Decidieron tener una tertulia de hombres solos. Se presentaron las nudistas y comenzaron a pasearse entre ellos mientras se despojaban de sus ropas. Nuestro vecino, un doctor en medicina, abandonó el local y se sentó en el bar para tomarse un trago. Uno de los miembros de la iglesia fue y le dijo: «Eh, doctor, ¡debería entrar y echar un vistazo a esto! ¡Nunca habrá visto algo igual!» El médico simplemente respondió: «Eso crees tú». El voyeurismo no lo fascinaba a él, pues examinaba cuerpos desnudos todos los días. Lo que cautiva es lo atrevido de practicarlo.

Si los cristianos pensaran en términos hebreo-cristianos, se comprenderían que el cuerpo es santo, limpio y bueno. Por lo tanto no lo contaminamos. Pero ellos fueron enseñados a pensar en términos dicotómicos: «Es simplemente un cuerpo, y lo que yo hago con ese cuerpo no tiene nada que ver con el resto de mí».

He aconsejado a maridos que cometieron adulterio y después se disculparon con sus esposas diciéndoles: «Pero, querida, esto no significó nada para mí. Fue solamente físico. Tú eres la que verdaderamente amo». Ellos no saben que no es cierto que las relaciones sexuales solamente son físicas. Sus mentes han sido seducidas por la fortaleza del docetismo. «¿O no sabéis que el que se une con una ramera es un cuerpo con ella? Porque dice: LOS DOS SERÁN UNA SOLA CARNE» (1 Corintios 6.16). Si estos maridos hubieran pensado en términos hebreo-cristianos, hubieran sabido que las relaciones sexuales no son simplemente cuerpo a cuerpo. La prostitución florece debido a que los hombres y las mujeres piensan que pueden gozar de las relaciones sexuales físicas sin involucrarse en ninguna otra manera. Esa es la herejía docética.

Una de las más convincentes razones por las cuales el pecado sexual está prevaleciendo en la actualidad entre los cristianos es que Satanás les ha vendido a ellos la mentira de que lo que ellos hacen con su cuerpo guarda poca relación con lo que es y hace su espíritu. Solamente por la gracia de Dios he permanecido fiel a Paula, pero en parte la gracia ha obrado a través de la temprana enseñanza de que solamente Paula fue ungida para tocarme con intenciones sexuales. No hay manera de tocar solo físicamente a otra mujer. Cualquier mujer que no fuera Paula le hubiera dicho a mi alma mentiras acerca de mí mismo. Solamente ella está unida a mi por Dios para completarme y decirme quién soy.

Si los cristianos pensaran como hebreo-cristianos, se apartarían violentamente de la inmoralidad: «Huid de la fornicación. Cualquier otro pecado que el hombre cometa, está fuera del cuerpo; mas el que fornica, contra su propio cuerpo peca. ¿O ignoráis que vuestro cuerpo es templo del Espíritu Santo, el cual está en vosotros, el cual tenéis de Dios, y que no sois vuestros?» (1 Corintios 6.18-19).

Si pensáramos como hebreo-cristianos, no toleraríamos la pornografía ni el voyeurismo. Sabiendo que cada cristiano es un templo del Espíritu de Dios, no podríamos permanecer contaminándolo: «Porque habéis sido comprados por precio; glorificad, pues, a Dios en vuestro cuerpo ... Pero yo os digo que cualquiera que mire a una mujer para codiciarla, ya adulteró con ella en su corazón» (1 Corintios 6.20 y Mateo 5.28).

Por causa de la fortaleza del docetismo, reina la confusión en los corazones y las mentes de los hombres en los actos diarios más comunes. Un hombre se sienta a comer. Dice una bendición en la mesa, esto es ser espiritual. Comer, piensa, es solamente físico. Va a trabajar; esto es físico. La bendición en la cena es espiritual, pero comer, nuevamente, es físico. Quizás su esposa dice una oración con él antes de ir a dormir, eso es espiritual. Entonces él desea hacerle el amor a su mujer y piensa que es algo solamente físico. ¡Todo eso es un engaño! Desde que el Espíritu de Dios vive dentro de él, todo lo que hace es tanto físico como espiritual. Ningún cristiano puede dividir la vida en compartimientos así, pero piensa que lo puede hacer, debido a la fortaleza del docetismo.

Por eso se pregunta, como muchos otros cristianos me han preguntado: «¿Pero qué puedo hacer en mi trabajo que sea específicamente cristiano?» De todas maneras, que él lo pregunte ya es una evidencia del engaño de su mente. Cualquier cosa que haga, dondequiera que esté, es cristiana. No comprende que todo lo de la vida es sacramental, que no existe para los cristianos la separación entre lo que es «secular» y lo que es «cristiano» o «espiritual». Si él estuviese compenetrado con el sentimiento de que cualquier cosa que haga manifiesta la vida de nuestro Señor Jesús en la tierra, ¿no serviría esto como un control para sus actos? Pero él piensa que la vida en el mundo y la vida en Cristo son dos entidades separadas. La inmoralidad se convierte así en algo que deseamos confesar al sacerdote para poder ir al cielo (en caso de que exista), pero no vemos realmente de qué manera el pecado físico tiene algo que ver con nuestra vida espiritual en Cristo. Para aquellos que están engañados, las dos cosas están separadas.

Piénselo. El único antídoto para el reducto del docetismo en la actual vida de la Iglesia es que muchos cristianos lo comprendan bien, lo detesten y odien sus efectos en las vidas de los cristianos, y desarraigarlo con enseñanzas y oración.

8

El desbalance teológico contemporáneo causante de los pecados sexuales y de otra índole

La gracia barata

Yo creo que una de las más grandes razones teológicas por la que los cristianos nacidos de nuevo se han vuelto insensibles y descuidados acerca del pecado en estos días es que hemos caído en un engaño que muchos llaman «la gracia barata». No es simplemente que hemos predicado correctamente la gracia y el perdón del Señor Jesucristo y que erróneamente hemos pretendido pasar por alto su severidad en el juicio. Un desbalance en la presentación del evangelio puede inducir a algunos a pensar que ellos pueden hacer cualquier cosa y que Jesús simplemente los limpiará. Pero creo que hay involucrado un error mayor, mucho más dañino para la moral cristiana.

El engaño es que el perdón quita cualquiera y todos los efectos del pecado, que no habrá más consecuencias de ese pecado ya que Jesús nos ha perdonado y que además ese perdón quita la necesidad de una disciplina. Cuando los cristianos se tragan ese engaño, están tentados a pensar que ellos pueden hacer cualquier cosa con impunidad, porque Jesús se hará cargo de ello y eso será el fin de todo. Esto es lo que queremos decir con «la gracia barata».

La gracia barata ni es el evangelio de las buenas nuevas ni tampoco es justificable en las Escrituras. De alguna manera hemos tomado la falsa idea de que podemos cometer cualquiera clase de pecados horrendos y que después que pronunciamos la palabra mágica «perdóname», ¡ninguna clase de daño o castigo vendrá a continuación! Este es un horrendo engaño, especialmente en cuanto a pecados sexuales entre creyentes. Si un hombre cae en el adulterio, él ha degradado la gloria de su hermano (1 Tesalonicenses 4.6). Habrá destrucción y pérdida, ¡no importa cuán completo sea su arrepentimiento ni cuán completo sea su perdón y restauración!

Parte de la tragedia es que una porción del esplendor del ministerio de ese hombre se ha ido para siempre. Puede continuar sirviendo, quizás con mucho éxito. Pero su pureza ante el Señor se ha perdido. No puede recuperarse.

Pero también caerá el castigo. Nos hemos asombrado al ver cómo con frecuencia cae cierto tipo de maldición sobre la vida de estos hombres, la cual ningún exorcista ni ninguna cantidad de oraciones puede levantar. Lo más común es que desde ese momento sus finanzas se encontrarán en constantes problemas. ¡Lo más triste de todo es que con demasiada frecuencia vemos que la tragedia golpea la vida de sus hijos! ¿Recuerda lo que pasó con el rey David cuando cometió adulterio con Betsabé? Aunque él fue perdonado, el castigo llegó a través de la muerte de su hijo: «Y Jehová hirió al niño que la mujer de Urías dio a David» (2 Samuel 12.15). *¡Muertes y tragedias merodean las familias de aquellos que caen en el adulterio!*

Alguno podrá preguntar: «¿Cómo podré amar a Dios si golpeará a mi hijo por los pecados que yo he cometido? ¿Cómo puede ser justo esto?» Aquí existen por lo menos dos confusiones. Primero, fallamos ese día en comprender la colectividad de la vida que vivimos en Cristo. El hecho de que Dios haya golpeado al hijo de David no significa que haya deseado hacerlo.

Las Escrituras hablan de un modo personal cuando se refieren a temas legales de la cosecha. «Dios hirió...» significa que la ley de la siembra y la cosecha se había cumplido en el hijo de David. ¿Cómo puede ser justo eso? Todos los avances en la medicina que gozamos en estos días, que salvan nuestras vidas y nos bendicen con salud y gozo, son regalos que cosechamos inmerecidamente de las obras de nuestros ancestros. Igualmente, toda la tecnología que nos viste, calienta nuestras casas, impulsa nuestros automóviles y nos da a veces dudosas bendiciones de televisión es herencia de nuestros ancestros, totalmente inmerecida por nosotros. ¿Podemos decir que es justo para nosotros cosechar las bendiciones de nuestros ancestros pero injusto cosechar las maldades que ellos sembraron? Así sufren nuestros hijos cuando pecamos. Dios está más apenado que nosotros cuando ocurre esta clase de daño.

La segunda confusión tiene que ver con el castigo o el carácter vengativo. Puede parecerle a algunos como si Dios tenía que descargarse con alguno, y eligió a aquel pobre e inocente hijo de David. O en algunos hijos de la época moderna que sufren porque sus padres cayeron en diversos pecados. «En el amor no hay temor, sino que el perfecto amor echa fuera el temor; porque el temor lleva en sí castigo. De donde el que teme, no ha sido perfeccionado en el amor» (1 Juan 4.18). Dios no es vengativo. Nosotros proyectamos en Dios nuestros resentimientos no curados hacia figuras de autoridad que nos castigaron, quizás demasiado dolorosa y abusivamente. Cualquiera que es «perfecto en amor», ha podido ver la verdadera fuente de sus confusiones y temores y es liberado por el poder de la cruz para ver a Dios como es Él realmente, puro y bondadoso amor ilimitado para todos nosotros.

No hemos querido darnos cuenta de que los pecados que hemos cometido afectan drásticamente a nuestros hijos. Varias veces he citado a Oseas 4.6:«Mi pueblo fue destruido, porque le faltó conocimiento». Escuche la última parte de ese versículo: «Por cuanto desechaste el conocimiento, yo te echaré del sacerdocio; y porque olvidaste la ley de tu Dios, también yo me olvidaré de tus hijos».

Los libros apócrifos no son considerados por la mayoría de la Iglesia como del canon; no cito lo próximo como una Escritura, sino como una evidencia de la manera en que las personas de los tiempos bíblicos pensaban acerca del pecado y sus efectos:

El fruto del trabajo honrado es espléndido, y la raíz del buen juicio no se seca. Los hijos de los adúlteros no llegan a la madurez; habiendo nacido de relaciones prohibidas, tendrán mal fin. Aunque lleguen a viejos, no se les tendrá en cuenta; y al final, en su vejez, nadie los respetará; si mueren jóvenes, no tendrán esperanza, y el día del juicio no tendrán quien los consuele. A la gente perversa le espera un destino terrible (Sabiduría 3.15-19, VP).

En Dios hay misericordia e ira; Él tolera y perdona, pero también castiga a los malvados. Tan grande como su misericordia es su castigo; Él juzga a cada uno según lo que haya hecho. No deja escapar al malvado con su presa, ni deja sin cumplir los deseos del justo (Eclesiástico 16.11-13, VP).

Deuteronomio 23.2 lo expresa aun más severamente que Sabiduría: «No entrará bastardo en la congregación de Jehová, ni hasta la décima generación no entrarán en la congregación de Jehová». Jesús nació de padres que algunos habían fornicado ¡precisamente para levantar la maldición que pesaba sobre la humanidad! Con todo acierto pensamos que Él pagó el precio una vez por todas. Pero la tragedia es que llevamos tan lejos la misericordia que borramos la disciplina de Dios la cual es también su amor por nosotros.

Donde quiera que la falta de arrepentimiento no permita el perdón, el pleno peso de la ley de la siembra y cosecha descenderá sobre nuestros hijos. Creo que quizás todos nosotros hemos vistos ejemplos en los cuales, aunque los padres han dicho que se arrepintieron y que recibieron el perdón de sus pecados, ¡cosas terribles cayeron sin embargo sobre la vida de sus hijos! Solo cabe la pregunta: ¿No fue su arrepentimiento lo suficientemente profundo y por eso cosecharon la ley? Dondequiera que lo permita la plenitud del arrepentimiento, la cruz de Cristo cumple con la necesidad de la cosecha. La ley impersonal de Gálatas 6.7 está satisfecha personalmente por la expiación de Jesús en la cruz.

Pero la misericordia de Dios no quita el castigo. Su castigo caerá, sin embargo, sobre el pecador.

Yo sé que el Cuerpo no desea oír esto. Hemos creído demasiado tiempo en la gracia barata. Pero es realmente muy simple. Cuando yo era un niño, si mi padre me sorprendía en algún pecado, me sentaba para decirme: «Jackie, quiero que sepas que tu madre y yo te hemos perdonado, y que te amamos, pero ahora debo darte una zurra». *El perdón no significa que el castigo será eliminado.* Es más, significa que porque me aman, tendrán que escribir en mi corazón, con el dolor del castigo, lo que he fallado en aprender de una manera fácil.

¡Debo volver a decirlo de otra manera, para que lo comprendamos perfectamente! ¡De alguna forma hemos llegado a pensar que la sangre de Jesús lavará todos nuestros pecados y que nada terrible podrá suceder una vez que nos hemos confesado y que hemos sido perdonados! Déjenme repetirles, hermanos y hermanas, ¡esto es un terrible error y engaño! La sangre lava nuestra culpa y restaura nuestra comunión y finalmente el cielo; ¡pero no detiene la mano disciplinadora de Dios! Recuerden que estamos hablando de adulterios de cristianos nacidos de nuevo.

Hace algún tiempo, estaba alabando a Dios por su bondad y su benevolencia. Súbitamente, su presencia estuvo poderosamente sobre mí, y Él me dijo muy severamente: «¡Tú amas tu imagen de mí!» ¡Supe miles de cosas en ese momento de confrontación! Entre ellas estaba que solo le permitía mostrarme una pequeña parte de lo que Él era verdaderamente. Desde ese día, comenzó a llevarme a caminatas a Emaús, a abrirme los ojos hacia muchos lados de su naturaleza que no nos permitimos ver en nuestra comodidad moderna. Particularmente, comenzó a revelarme la gloria de su amor para con nosotros con severidad y disciplina y me hizo saber que una de las mayores razones por las cuales los cristianos pecan tan notoriamente hoy en día es porque no lo conocen como verdaderamente es.

La tragedia es que los cristianos actuales no entienden la bendición de la disciplina:

> Y habéis ya olvidado la exhortación que como a hijos se os dirige: «HIJO MIO, NO MENOSPRECIES LA DISCIPLINA DEL SEÑOR, NI DESMAYES CUANDO ERES REPRENDIDO POR ÉL; PORQUE EL SEÑOR AL QUE AMA, DISCIPLINA, Y AZOTA A TODO EL QUE RECIBE POR HIJO». Si soportáis la disciplina, Dios os trata como a hijos; porque ¿qué hijo es aquel a quien el padre no disciplina? Pero si se os deja sin disciplina, de la cual todos han sido participantes, entonces sois bastardos, y no hijos. Por otra parte, tuvimos a nuestros padres terrenales que nos disciplinaron, y los venerábamos. ¿Por qué no obedeceremos mucho mejor al Padre de los espíritus, y viviremos? Y aquellos, ciertamente por pocos días nos disciplinaban como a ellos les parecía, pero éste para lo que nos es provechoso, para que participemos de su santidad. Es verdad que ninguna disciplina al presente parece ser causa de gozo, sino de tristeza; pero después da después fruto apacible de justicia a los que en ella han sido ejercitados (Hebreos 12.5-11).

Por medio de la disciplina (y otros toques de amor) nuestro amante Padre celestial cumple la promesa de su pacto: «Daré mi ley en su mente, y la escribiré en su corazón» (Jeremías 31.33). A fuerza de disciplina, nos prepara para la eternidad.

La disciplina es severa o suave, según el grado de intención del pecado cuando conocemos lo que es bueno y lo que es malo: «Aquel siervo que conociendo la voluntad de su señor, no se preparó ni hizo conforme a su voluntad, recibirá muchos azotes. Mas el que sin conocerla hizo cosas dignas de azotes, será azotado poco» (Lucas 12.47-48). Note que esto significa que los líderes cristianos, que conocen mejor, recibirán «muchos latigazos». Y aquellos que no saben tanto, recibirán «unos pocos» ¿Por qué? Porque Dios nos ama y debe escribir en nuestros corazones esas lecciones que nos mantendrán apartados de caer nuevamente.

La disciplina es áspera o suave, dependiendo del grado de dolor y sufrimiento que el Señor sabe se requiere para que el peso de su gloria obre en nuestros corazones. (El siguiente pasaje bíblico de Corintios se refiere al tipo de sufrimiento que proviene del noble servicio al Señor, pero el principio del efecto del sufrimiento permanece igual.)

> Por tanto, no desmayamos; antes aunque este nuestro hombre exterior se va desgastando, el interior no obstante se renueva de día en día. Porque esta leve tribulación momentánea produce en nosotros un cada vez más excelente peso de gloria; no mirando nosotros las cosas que se ven, sino las que no se ven; pues las cosas que se ven son temporales, pero las que no se ven son eternas (2 Corintios 4.16-18).

> Para el descarriado, disciplina severa; para el que aborrece la corrección, la muerte (Proverbios 15.10, NVI).

> ¡Cuán dichoso es el hombre a quien Dios corrige! No menosprecies la disciplina del Todopoderoso. Porque Él hiere, pero venda la herida; golpea, pero trae alivio. (Job 5.17-18, NVI).

Para mí, una tragedia más grande es que muy pocos comprenden la diferencia entre la disciplina y el castigo. La disciplina es aplicada personalmente a nosotros, precisamente porque somos amados y perdonados. El castigo cae sobre todos aquellos que no se arrepienten y cuyos pecados son reiterados. El castigo nos sobreviene con mayor frecuencia por la impersonal cosecha de la ley, lo cual es siempre más peligroso que la disciplina personal. «Porque sembraron viento, y torbellino segarán» (Oseas 8.7). Algunos cosechan aunque piensan que se han arrepentido, pero baldes de lágrimas no son arrepentimiento. El arrepentimiento no solo significa dar media vuelta sino que trae cambios consigo.

Es el orgullo y la arrogancia y un corazón impenitente lo que trae el castigo:

> Y castigaré al mundo por su maldad, y a los impíos por su iniquidad; y haré que cese la arrogancia de los soberbios, y abatiré la altivez de los soberbios (Isaías 13.11).

Lo más importante relacionado con el tema de este libro es que el castigo es especialmente severo para los pecados sexuales que persisten sin arrepentimiento:

> Sabe el Señor librar de tentación a los piadosos, y reservar a los injustos para ser castigados en el día del juicio; y mayormente a aquellos que, siguiendo la carne, andan en concupiscencia e inmundicia ... recibiendo el galardón de su injusticia, ya que tienen por delicia el gozar de deleites cada día. Estos son inmundicias y manchas, quienes aun mientras comen con vosotros, se recrean en sus errores. Tienen los ojos llenos de adulterio, no se sacian de pecar; seducen a las almas inconstantes, tienen el corazón habituado a la codicia, y son hijos de maldición ... Pues hablando palabras infladas y vanas, seducen con concupiscencias de la carne y disoluciones a los que verdaderamente habían huido de los que viven en error. Les prometen libertad, y son ellos mismos esclavos de corrupción. Porque el que es vencido por alguno es hecho esclavo del que lo venció. Ciertamente, si habiéndose ellos escapado de las contaminaciones del mundo, por el conocimiento del Señor y Salvador Jesucristo, enredándose otra vez en ellas son vencidos, su postrer estado viene a ser peor que el primero. Porque mejor les hubiera

sido no haber conocido el camino de la justicia, que después de haberlo conocido, volverse atrás del santo mandamiento que les fue dado. Pero les ha acontecido lo de; verdadero proverbio: «EL PERRO VUELVE A SU VÓMITO», y «la puerca lavada a revolcarse en el cieno» (versículos seleccionados de 2 Pedro 2.9-22, énfasis añadido).

Como Sodoma y Gomorra y las ciudades vecinas, las cuales de la misma manera que aquellos, habiendo fornicado e ido en pos de vicios en contra de la naturaleza, fueron puestas por ejemplo sufriendo el castigo del fuego eterno (Judas 7).

Los resultados de nuestra ignorancia respecto a la disciplina y el castigo son numerosos:

1) *Nos quitamos nosotros mismos de su paternidad y de las palabras de vida:*

Hijo mío, si dejas de atender a la corrección, te apartarás de las palabras del saber (Proverbios 19.27, NVI).

El que ama la disciplina ama el conocimiento, pero el que la aborrece es un necio (12.1, NVI).

El que tiene en poco la disciplina menosprecia su alma; mas el que escucha la corrección tiene entendimiento (15.32).

Como ciudad derribada y sin muro es el hombre cuyo espíritu no tiene rienda (25.28).

2) *Cuando viene la disciplina, fallamos en recibirla por lo que es o de apreciarla como amor:*

Pobreza y vergüenza tendrá el que menosprecia el consejo; mas el que guarda la corrección recibirá honra (13.18).

El necio menosprecia el consejo de su padre; mas el que guarda la corrección vendrá a ser prudente (15.5).

3) Por lo tanto vamos derecho al pecado, por lo cual lo que debía haber sido una bendición se torna en castigo. Su disciplina nos atrae más cerca de Él, pero nosotros nunca sabremos que fue su amor, disciplinándonos:

Hijo mío, no desprecies la disciplina del Señor, ni te ofendas de sus represiones. Porque el Señor disciplina a los que ama, como corrige un padre a su hijo querido (3.11-12, NVI).

El mandamiento es una lámpara, la enseñanza es una luz, y la disciplina es el camino a la vida (6.23, NVI).

4) Lo más importante es que esta generación ha perdido el santo temor a Dios y el pavor por el pecado. Yo sugiero que el lector devore los siguientes pasajes muy cuidadosamente. (Aunque ellos se refieren principalmente al pecado de la apostasía, el principio concerniente al pecado y sus resultados es el mismo para el pecado sexual o cualquier otro pecado voluntario.)

Porque es imposible que los que una vez fueron iluminados y gustaron del don celestial, y fueron hechos partícipes del Espíritu Santo, y asimismo gustaron de la buena palabra de Dios y los poderes del siglo venidero, y recayeron, sean otra vez renovados para arrepentimiento, crucificando de nuevo para sí mismos al Hijo de Dios y exponiéndole a vituperio. Porque la tierra que bebe la lluvia que muchas veces cae sobre ella, y produce hierba provechosa a aquellos por los cuales es labrada, recibe bendición de Dios; pero la que produce espinos y abrojos es reprobada, está próxima a ser maldecida, y su fin es el ser quemada (Hebreos 6.4-8).

Para que no nos aflijamos o temamos demasiado, recordemos que esta Escritura está hablando de caer en la incredulidad, no meramente en el adulterio. Es posible restaurar hacia una plenitud de arrepentimiento a los que caen en el adulterio. Pero la advertencia de esta Escritura debe ser tomada plenamente en el corazón, especialmente acerca de cómo ellos pudieran estar «crucificando de nuevo para sí mismos al Hijo de Dios y exponiéndole a vituperio».

El autor de Hebreos vuelve al tema cuatro capítulos después:

Porque si pecáremos voluntariamente después de haber recibido el conocimiento de la verdad, ya no queda más sacrificio por los pecados, sino una horrenda expectación de juicio, y de HERVOR DE FUEGO QUE HA DE DEVORAR A LOS ADVERSARIOS. El que viola la ley de Moisés, por el testimonio de dos o de tres testigos muere irremisiblemente. ¿Cuánto mayor castigo pensáis que merecerá el que pisoteare al Hijo de Dios, y tuviere por inmunda la sangre del pacto en la cual fue santificado, e hiciere afrenta al Espíritu de gracia? Pues conocemos al que dijo: «MÍA ES LA VENGANZA, YO DARÉ EL PAGO, DICE EL SEÑOR». Y otra vez: «EL SEÑOR JUZGARÁ A SU PUEBLO». ¡Horrenda cosa es caer en manos del Dios vivo! (Hebreos 10.26-31).

El hecho de que ya no permanece por más tiempo un sacrificio por los pecados no significa que aquellos que han caído en el adulterio han perdido el boleto para el cielo. Ellos todavía son salvos. Lo que quiere significar es que los creyentes que voluntariamente pecan no escaparán de su juicio. Cuando por primera vez lo recibimos a Él como Señor y Salvador, su sangre y cruz cumplimentaron lo que la ley había establecido que debíamos cosechar lo que habíamos sembrado antes de conocerlo e igualmente apartó la disciplina que merecíamos por lo que habíamos hecho antes de nuestra salvación.

Este pasaje dice que aunque los que lo conocemos somos perdonados cuando pecamos voluntariamente y luego nos arrepentimos, ya no hay un sacrificio que quite los efectos de nuestro pecado. Los cristianos que pecan a sabiendas deberán soportar la disciplina de la poderosa mano de Dios, a pesar de la plenitud de su arrepentimiento y lo completo de su perdón.

Estoy consciente de que esta enseñanza suena dura y amenazadora, y que muchas personas se preguntarán: «Bueno, si de todas maneras sigo "recibiendo" por mis pecados, ¿qué hizo de bueno el perdón?» La pregunta misma es una evidencia del abandono nuestro de las Escrituras. El debido castigo por todos los pecados es la muerte; ¡no nos merecemos nada mejor! «El alma que pecare, esa morirá» (Ezequiel 18.4, véase también Génesis 2.17 y la advertencia de Ezequiel 18). El perdón significa redención; Jesús murió por nosotros. El perdón significa restauración a la comunión con Dios y con la humanidad, y así sucesivamente a través de un gran catálogo de bendiciones. Pero el perdón no significa que siempre nos permitan irnos impunes. Es tiempo, y tiempo pasado, para que redescubramos la firmeza del amor de Dios para nosotros y de que nos detengamos de presumir la gracia de Dios mediante nuestra frivolidad acerca del pecado.

Esto no significa que no debemos hacer todo lo que mencioné antes acerca de curar a aquellos que caen en el adulterio. El perdón no solamente expresa la gracia de Dios y sana nuestros corazones, también nos capacita para recibir la disciplina por el amor que es y de beneficiarnos con ello como es la intención de Dios.

No obstante, algunos pueden estar pensando: Si los cristianos que caen en el adulterio pueden ser restaurados por completo, ¿qué hacemos con pasajes tales como este:

¿No sabéis que los injustos no heredarán el reino de Dios? No erréis; ni los fornicarios, ni los idólatras, ni los adúlteros, ni los afeminados, ni los que se echan con varones, ni los ladrones, ni los avaros, ni los borrachos, ni los maldicientes, ni los estafadores, heredarán el reino de Dios (1 Corintios 6.9-10).

(Otras citas parecidas se encuentran en 1 Timoteo 1.9-10, Apocalipsis 21.8 y Apocalipsis 22.15.)

La respuesta es que todos nosotros caemos de tiempo en tiempo en uno u otro de estos pecados. ¿Quién entre nosotros puede decir que nunca ha codiciado o injuriado? Muchos, después de recibir a Jesús como su Señor y Salvador, han bebido ocasionalmente demasiado. Si tomamos esa Escritura sin al menos un poco de interpretación, ¡el cielo va a ser un lugar poderosamente vacío! Sospecho que Pablo y Juan se están refiriendo a aquellos que hacen de sus pecados un hábito y que no tratan de detenerlos con mucho empeño.

Si patino sobre el hielo solamente una o dos veces, a nadie se le ocurriría decir que mis agitados brazos y revueltas piernas pueden ser consideradas las de un experto patinador. Por consiguiente, yo no considero un adúltero a un hombre que durante su vida cae una o dos veces en el adulterio. Es simplemente un cristiano débil que cayó en el pecado. Si él continuase pecando de esta forma, entendiendo que eso está bien, podría entonces ser considerado justificadamente un adúltero y ciertamente no heredaría el Reino de los cielos. Un hombre o una mujer pueden caer en la homosexualidad. Sin embargo, pueden ser rescatados y puestos en libertad para vivir una vida sexual normal. Pero aquellos que cambian las Escrituras para defender a la homosexualidad como algo aceptable para Dios y una honorable «alternativa de estilo de vida», ¡heredarán el lago de fuego que merecen si no se arrepienten y cambian!

Una falla ocasional no nos convierte en los pecadores habituales acerca de los cuales creo hablan en realidad las Escrituras. Aun una falla repetida con frecuencia no debería «marcar» a una persona. Paula y yo hemos aconsejado a hombres y mujeres cuyas compulsiones los impulsaron al adulterio una y otra vez. ¡Algunos de ellos han sido tan condenados por esas Escrituras que estaban seguros de que habían perdido toda oportunidad del Reino aquí o después en el cielo! Pero cuando Dios los libera de las causas radicales a través de nosotros, ellos se vuelven capaces de permanecer en Cristo sin volver a caer. Para ellos el arrepentimiento no fue imposible. Debemos ser precavidos en esos casos contra el legalismo.

No es la frecuencia del pecado el factor determinante, sino la actitud del corazón. Una persona puede caer varias veces, pero si no quiere caer y no disculpa su pecado, la gracia de Dios aún abunda. Por lo tanto, cuando nos esforzamos en restaurar a aquellos que han caído en el adulterio, estemos completamente seguros que, de acuerdo a las Escrituras, estamos obrando para el Señor, no en su contra.

El Cuerpo de Cristo debe dejar de abusar de la gracia de Cristo. Debemos recobrar el santo temor y respeto de Dios y sus leyes. No conozco otro antídoto para ese abuso que el de que hablo aquí y la determinación de poner las leyes de Dios en nuestros corazones para que no volvamos a pecar contra Él (Salmo 119.9-16).

El engaño de una fe demasiado individualista y orientada a sí misma

La trampa teológica final que induce a pecar a los cristianos nacidos de nuevo es la forma demasiado individualista y egoísta, en que manejamos la fe hoy día. Hemos sobrecargado la salvación personal hasta producir una generación de cristianos autocentralizados, egoístas, quienes inconscientemente ven a Jesús como una especie de Santa Claus que se supone que está para conseguirles todas las cosas lindas de la vida. «Se supone que debo poseer todo lo que quiero, por lo cual, si no lo consigo en la forma correcta, ¡no puede ser contra la voluntad de Dios si las consigo por medios incorrectos!» Una adúltera en un programa de televisión nacional exclamó que Dios no debería estar tan disgustado de que ella viviese como amante del marido de otra mujer. Después de todo, Él desea que ella sea feliz, ¡y las atenciones de ese hombre la hacían sentir muy bien!

Mientras consideraba este tema del fenómeno de los tiempos modernos y me preparaba para escribir, mi hijo Loren, sin yo saberlo, pensaba también sobre ello, predicando un sermón de adviento acerca del tema. Con su permiso, voy a citar extractos de sus notas como un resumen de este capítulo y del libro:

Atacar a los hijos de la posguerra es uno de mis deportes favoritos mientras estoy en el púlpito. Me refiero a la práctica de confrontación profética del lamentable estado de los que nacieron una o dos décadas después de la Segunda Guerra Mundial. Los puedo atacar con integridad porque nací en 1951, lleve largo el cabello en la década del 60 enfrentando una desalentadora oposición y marché en más de un movimiento antibélico, cantando estribillos que solo entendía vagamente.

Como generación, los hijos de la posguerra se han distinguido de una sola forma real: hemos exaltado y deificado el «yo» a niveles imprecedentes en los tiempos modernos. No inventamos la autoabsorción. Solamente expandimos lo que habíamos heredado de nuestros antepasados e infectamos con nuestras expansiones a toda nuestra sociedad, desde el más joven hasta el más viejo. *La autoabsorción se ha transformado ahora en el apuntalamiento filosófico dominante de toda nuestra cultura, secular y religiosa.*

Consecuentemente, nuestra orientación religiosa ha sido excesivamente individualista y autocentralizada. Nuestro acercamiento a la fe ha sido «Jesús me cuidará a *mí*», más que «queremos cambiar el mundo para Cristo». Yendo más hacia el punto, ha sido «fui salvado personalmente», más que «somos un pueblo bajo la gloria de Dios».

Como personas del siglo veinte, nosotros pensamos:

«Jesús vino para salvarme a MÍ. Vino para liberarme a MÍ. La salvación personal es y ha sido el enfoque de nuestra confianza religiosa nacional por muchos años, pero no es la confianza de la Biblia. De este modo, este siglo de historia cristiana ha estado dominado por evangelistas predicando la salvación personal, maestros enseñandole al Cuerpo de Cristo cómo volverse personal e individualmente próspero, ministros de liberación arrojando fuera demonios personales, consejeros buscando lograr la satisfacción individual y personal, etc. No tengo un verdadero problema con cualquiera de ellos excepto cuando el énfasis cae en lugares en los cuales las Escrituras no los ha puesto. Ciertamente, en la Biblia está presente el tema de la salvación personal, pero el énfasis dominante yace en otra parte.

Mientras nosotros los modernos predicadores hablamos en forma individual, las Escrituras hablan de otra manera:

> El pueblo que andaba en tinieblas vio gran luz; los que moraban en tierra de sombra de muerte, luz resplandeció sobre ellos. Multiplicaste la gente, y aumentaste la alegría. Se alegrarán delante de ti como se alegran en la siega, como se gozan cuando reparten despojos. Porque tú quebraste su pesado yugo, y la vara de su hombro, y el cetro de su opresor, como en el día de Madián. Porque todo calzado que lleva el guerrero en el tumulto de la batalla, y todo manto revolcado en sangre, serán quemados, pasto del fuego. Porque un niño nos es nacido, hijo nos es dado, y el principado sobre su hombro; y se llamará su nombre Admirable, Consejero, Dios Fuerte, Padre Eterno, Príncipe de Paz. Lo dilatado de su imperio y la paz no tendrán límite, sobre el trono de David y sobre su reino, dispo-

niéndolo y confirmándolo en juicio y en justicia desde ahora y para siempre. El celo de Jehová de los ejércitos hará esto (Isaías 9.2-7).

Note las referencias en plural. Versículo 3: «Multiplicaste la gente ... Se alegrarán delante de ti». Versículo 4: «Porque tú quebraste su pesado yugo, y la vara de su hombro, y el cetro de su opresor». Versículo 6: «Porque un niño nos es nacido, hijo nos es dado».

Isaías habló de aumentar la alegría del pueblo de Dios como pueblo, mientras que nosotros, los de esta generación, parecemos estar absortos buscando la felicidad personal, frecuentemente a expensas de los demás. Isaías declaró que Dios iba a aumentar la alegría de Israel como un pueblo, como una nación, juntos. Es su carga la que Él quiere quebrar, un yugo oprimiendo al pueblo entero. Pero para muchos del pueblo de Dios de los tiempos modernos, sufrir es la señal para correr solos a algún lado para sumirse en la autocompasión como si nuestra carga solo nos afectara a nosotros.

Alguien de nuestro equipo ministerial me comentó que a nuestro Cuerpo de Cristo le vendría bien una crisis económica, porque entonces los cristianos desesperarían y volverían a la Iglesia. Por mis años de experiencia pastoral sé que sucedería lo contrario. El hecho es que demasiados creyentes de estos tiempos asisten a la Iglesia por razones egoístas. Por lo tanto, frente a una crisis se irían a su casa para sumirse en la autocompasión y soñar con castigar a Dios por permitir que sucediera esta crisis. Mientras tanto, atrapados en la misma búsqueda de autosatisfacción, los no creyentes llenarían las iglesias. Esto suena hermoso, ¡pero espere! Luego de la crisis, los creyentes retornarían a la Iglesia, mientras que aquellos nuevos creyentes religiosos, se irían a casa por no sentir ya más una necesidad de ayuda. (¡Ah, cuán verdadero es esto!, fue mi comentario, ya que también he sido pastor por veintiún años.)

Si uno se alegra, todos se alegran con él, y si uno sufre, todos sufren con él (véase 1 Corintios 12.26). Igual que lo hizo Pablo en el Nuevo Testamento, Isaías habló en el Antiguo Testamento acerca de una opresión común manifestada diferentemente en cada persona. Es la carga de su PUEBLO la que Jesús vino a quitar. Nuestras cargas personales son quitadas porque somos parte de un pueblo cuya carga es quitada.

Por consiguiente, si Jesús quiebra el yugo, Él lo quiebra para todos nosotros juntos. Si somos salvados, seremos salvados juntos como un pueblo.

«Y el principado sobre su hombro» (Isaías 9.6), no significa que Él será una figura política y tampoco que Él es mi SEÑOR personal. La referencia es a su señorío sobre todo el pueblo del cual yo formo parte, la Iglesia. Nuestra sociedad dice MI SEÑOR. El enfoque bíblico está en NUESTRO SEÑOR. NOSOTROS.

Las imágenes del Reino son claramente en cuanto a relaciones. La salvación es un asunto de «nosotros», que involucra una relación de pacto y un llamado a marchar juntos en paz.

Juan el Bautista fue concebido solamente unos pocos meses antes que lo fuese Jesús. El padre de Juan, Zacarías, recibió una promesa de un ángel del Señor que él y su esposa iban a tener un hijo aun a su avanzada edad, y que este hijo iba a tener un alto llamado. La definición de esa tarea léala de esta manera:

Y hará que muchos de los hijos de Israel se conviertan al Señor Dios de ellos. E irá delante de él con el espíritu y el poder de Elías, para HACER VOLVER LOS CORAZONES DE LOS PADRES A LOS HIJOS, y de los rebeldes a la prudencia de los justos, para preparar al Señor un pueblo bien dispuesto. Y él hará volver a muchos de los hijos de Israel al Señor su Dios (Lucas 1.16-17).

Este no era un mensaje de salvación puramente personal. La promesa apuntaba a restaurar el individualismo y la comunidad. «Para preparar al Señor un pueblo bien dispuesto». Nuestra cultura ha puesto el énfasis en la salvación personal, pero Juan, Jesús y el resto de las Escrituras pusieron el énfasis en la creación de un pueblo, salvados juntos, trabajando juntos, viajando juntos, creciendo juntos, conquistando juntos.

Lucas 2.10 informa acerca de la aparición de un ángel a los pastores para anunciarles el nacimiento de Jesús: «No temáis; porque he aquí, os doy nuevas de gran gozo, que será para todo el pueblo».

En Mateo 1.21, el ángel habla a José en un sueño relacionado con tomar a María como su esposa: «Y dará a luz un hijo, y llamarás su nombre Jesús, porque Él salvará a su pueblo de sus pecados».

En la cultura bíblica hebrea, «el pueblo» era más que simplemente una frase refiriéndose a más de una persona. «El pueblo» era un grupo reconocible, unido por antepasados comunes y poseyendo algo como una conciencia común. Un grupo así estaba considerado como una entidad a pesar de que estuviera formado por individuos tan diferentes como el día y la noche. Israel era mencionado por un solo nombre como si la nación entera fuera una sola persona colectiva, Jacob. «El pueblo» era una entidad colectiva, una unidad, con una vida que afectaba a cada uno. Ellos mantenían tanto sus bondades como sus pecados en común y sabían que delante de Dios todos iban a compartir las recompensas y consecuencias de la bondad o del pecado de algunos o de uno. (Véanse Josué 7 y nuevamente 1 Corintios 12.26.)

Si somos salvos, somos salvos todos juntos porque Él vino a salvar a su pueblo de sus pecados. Por lo tanto, obramos juntos en nuestra salvación, la vivimos juntos y trabajamos juntos en servicio.

Mateo 1.23 dice que ellos iban a llamarlo Emmanuel, que significa Dios con nosotros. Nuestra generación lo hubiera llamado «Dios CONMIGO».

Si nosotros reconocemos y comprendemos lo que las Escrituras nos están diciendo, entonces debemos reconocer que la salvación personal es un concepto casi sin significado salvo que tenga algún punto en unidad con todo el pueblo de Dios. Yo no soy salvo solo. Yo he sido salvado dentro de un pueblo. Primera de Corintios 12.13 dice: «Porque por un solo Espíritu fuimos todos bautizados en un cuerpo, sean judíos o griegos, sean esclavos o libres, y a todos se nos dio a beber de un mismo Espíritu».

Sugiero que nuestro énfasis exagerado en la salvación personal, la actitud de que Jesús se hará cargo de mí, no está funcionando muy bien. Un enfoque en la autosatisfacción conduce al pecado, no a la santidad. La evidencia está dentro, la veo todos los días. Cuando nuestra motivación para ir o servir a Jesús es la autosatisfacción y Él aparentemente falla en suministrar el tipo de felicidad que buscamos, estamos tentados penosamente de tratar otra forma, aun hasta el punto de buscar la satisfacción en el pecado. El resultado de esta autoabsorción es siempre la frustración y el vacío más que la satisfacción y el gozo.

No es la ley de Dios la que mantiene mi moral actualmente. Es el Espíritu Santo, mi amor por Jesús y mi unidad con el pueblo de Dios. Se necesitan esos tres elementos para hacerlo. Una debilidad en cualquiera de estos elementos nos deja vulnerables a los destrozos y tentaciones del enemigo. Muchos de nosotros repetimos continuamente nuestros pecados y caemos en las mismas rutinas una y otra vez, debido a que carecemos de un sentimiento de unidad con los demás. No podemos sentir el dolor que causamos. No podemos identificarnos con las necesidades de los demás como si fuesen las nuestras.

¿Por qué cometen adulterio los cristianos? Porque no piensan o sienten en términos colectivos. En algún punto se han vuelto individuos buscando una satisfacción individual y personal, sin pensar en los demás.

La búsqueda de la autosatisfacción y un énfasis exagerado en la salvación personal no pueden producir o mantener la santidad. La santidad proviene del Espíritu Santo dentro de mí y de mi amor por Jesús, pero también proviene de un profundo sentido de responsabilidad hacia los demás con los cuales estoy en unidad en una vida en común. Esta generación no tiene conciencia del efecto del individuo en las vidas de los demás.

También debes saber esto: que en los postreros días vendrán tiempos peligrosos. Porque habrá hombres amadores de sí mismos, avaros, vanagloriosos, soberbios, blasfemos, desobedientes a los padres, ingratos, impíos, sin afecto natural, implacables, calumniadores, intemperantes, crueles, aborrecedores de lo bueno, traidores, impetuosos, infatuados, amadores de los deleites más que de Dios (2 Timoteo 3.1-4).

Y por haberse multiplicado la maldad, el amor
de muchos se enfriará (Mateo 24.12).

He declarado con frecuencia que el adulterio es imposible para mí. Todos los que disputan conmigo este punto, no conocen la razón de mi declaración o cómo he sido entrenado para desempeñarme. Yo no vivo para la autosatisfacción. Yo no vivo para satisfacer mis propias necesidades. Puedo por lo tanto estar en unidad con mi esposa y sentir sus alegrías y sus dolores como los míos propios. Debido a que yo cargo su corazón en el mío, como el propio, no le inflingiré dolor o pesar con cualquier acto consciente. Ninguna tentación de un placer momentáneo puede vencer esta unidad con ella. Nosotros pecamos porque pensamos solamente en nosotros. La conciencia está basada en la capacidad de sentir el dolor de otros y alejarse de cometer una maldad por su causa. (¿No suena el testimonio de Loren parecido al de su padre? ¿Por qué? ¡Entrenamiento! Del padre de mi padre a mi padre a mí a Loren, cuatro generaciones de fidelidad e instrucción.)

En la segunda mitad de los años 80, vimos caer a muchos líderes prominentes, nacionales e internacionales, en la inmoralidad y gritamos que Dios estaba limpiando su iglesia. Teníamos razón, pero solo parcialmente. Dios también estaba quebrando en trozos nuestra idolatría de un sistema religioso que fomentaba un énfasis exagerado en la salvación personal, a expensas de nuestra conciencia como un pueblo. Dios nos estaba llamando para rescatar la comunión entre nosotros, de ser la iglesia, «porque somos miembros los unos de los otros» (Efesios 4.25).

> Sino que siguiendo la verdad en amor, crezcamos en todo en aquel que es la cabeza, esto es, Cristo, de quien todo el cuerpo, bien concertado y unido entre sí por todas las coyunturas que se ayudan mutuamente, según la actividad propia de cada miembro, recibe su crecimiento para ir edificándose en amor (Efesios 4.15-16).

LA SALVACIÓN PERSONAL POR SÍ MISMA NO ES SUFICIENTE. NO NOS LLEVA AL REINO NI PERMITE UN SANTO COMPORTAMIENTO DEBIDO A QUE EL REINO DE DIOS ES DE

RELACIÓN. YO SOY SALVO DENTRO DEL PUEBLO. NUESTRA FE. NUESTRO VIAJE. NUESTRA MISIÓN. NUESTRO SALVADOR.

La salvación personal corre a través del Nuevo Testamento como un hilo, pero el pueblo, la unión y la unidad son iguales que una gigantesca viga soportando cada aspecto de la estructura. No es solamente que hemos sido salvados, sino que hemos sido salvados para algo. ¿Para qué hemos sido salvados? Para que seamos un pueblo y que las naciones acudan a la raíz de Isaí (véase Isaías 11.10).

Jesús se hizo uno con nosotros. Dios se volvió hombre. El Verbo se hizo carne. (Juan 1.14). Unión. Relación. El cielo es una fiesta de amigos. Y el Cuerpo de Cristo en la tierra es solamente un ensayo, una sesión de práctica para la eternidad. Él vino a morir y a resucitar para reconciliarnos con Dios y con nosotros mismos, para juntarnos a su alrededor en una fiesta de amigos, el pueblo de Dios reunido. Estoy convencido de que en el reino de los cielos el Señor encontrará al creyente con el cual tuve los mayores problemas en la tierra y lo hará mi compañero de cuarto por toda la eternidad, ¡y ambos nos amaremos!

R. Loren Sandford, Pastor
The Cornerstone Vineyard Christian Fellowship
Post Falls, Idaho 83854

John Loren Sandford
Fundador de Elijah House, Inc.
P.O. Box 722
Coeur D'Alene, Idaho 83814